Kerstin Wendel

Geliebt begabt berufen

Das Berufungsbuch für Frauen

SCM
R.Brockhaus

SCM

Stiftung Christliche Medien

Der SCM-Verlag ist eine Gesellschaft der Stiftung Christliche Medien,
einer gemeinnützigen Stiftung, die sich für die Förderung und Verbreitung christlicher Bücher, Zeitschriften, Filme und Musik einsetzt.

MIX
Papier aus verantwortungsvollen Quellen
FSC® C006701
FSC
www.fsc.org

Bodenborn 43 · 58452 Witten
Internet: www.scmedien.de · E-Mail: info@scm-brockhaus.de

Umschlaggestaltung: yvonne pils, Düsseldorf
Titelbild: fotolia © XK und fotolia © orangeberry
Innenillustrationen: fotolia © orangeberry
Satz: Riswane Abdurachmanov, Dortmund
Druck und Bindung: CPI – Ebner & Spiegel, Ulm
Gedruckt in Deutschland
ISBN 978-3-417-26612-2
Bestell-Nr. 226.612

Inhalt

Einleitung

„Wir haben einfach gemerkt, dass es so nicht weitergehen kann", sagt sie, „unsere Ehe hat zu sehr darunter gelitten." Quicklebendige Augen funkeln mich an. Sie gehören zu einer Ehefrau, die ganz bewusst aus dem Schuldienst ausgestiegen ist. Ihr Mann ist Pastor, sie Lehrerin – über Jahre ständig zeitversetzt zu leben, wollten sie irgendwann einfach nicht mehr. Wenn er abends nach langen Sitzungen heimkam und endlich abschalten wollte, lag sie bereits im Bett. Ihr Alltag begann früh am nächsten Morgen. Das hat sie beide zerrissen. Deshalb ist sie ausgestiegen. Nun sind sie als Ehepaar gerade umgezogen – und jetzt? „Jetzt will ich hören, was Gott noch mit mir vorhat!", sagt sie zu mir.

Hut ab vor dieser Frau! Sie hat durch ihre Entscheidung einiges aufgegeben an finanzieller Sicherheit und emotionaler Heimat. Dennoch spüre ich jede Menge Mut und Schaffensfreude in ihr, als sie mir ihre Geschichte nach einem Frauenfrühstück erzählt. Sie wird ihren Weg finden. Da bin ich mir sicher. Und das mit Anfang 50!

„Das Foto ist völlig überbelichtet. Ach, und am Hintergrund muss man dringend was machen." So meine (achtzehnjährige) Tochter Lisanne über ein Foto, das ich einfach nur schön finde. Ich habe aber auch keine Ahnung von Fotos. Sie schon. Sie hat einen Blick für Motive und immer mehr auch das Know-how, das Beste aus ihnen herauszuholen. Mittlerweile kennt sie sich auch mit Bildbearbeitung am PC aus. Hat sich selbst einiges beigebracht und von anderen gelernt. Liest Fachzeitschriften.

Ob sie später beruflich etwas in dieser Richtung machen wird? Das kann gut sein. Ich spüre jede Menge Interesse und Power in ihr. Auch wenn Fotografie nur ihr Hobby bleiben sollte: Sie wird ihren Weg finden. Mit noch nicht mal 20 Jahren!

Frauen haben's in sich!
Das steht außer Frage. Es ist der Grund dafür, dass viele von uns sich unabhängig ihres Alters sehr bewusst fragen:

Was kann ich mit meinem Leben tun? Wo liegen meine Begabungen?
Bin ich zu etwas berufen?
Was ist jetzt in dieser Zeit für mich dran?

Wir wollen nicht nur einfach irgendetwas in unserem Leben machen und im Gegenzug ein wenig Geld oder Ehre einkassieren. Wir wollen etwas tun, das wir als zutiefst sinnvoll und als so wertvoll empfinden, dass wir unsere Kraft und Zeit dafür einsetzen. Viele von uns wollen etwas tun, das dazu beiträgt, unsere schöne Welt und ihre Menschen zu erhalten, zu bewahren und positiv zu prägen. Deshalb fragen wir: Was kann ich mit meinem Leben tun? Frauen haben's in sich – das, was Gott in Sie und mich hineingelegt hat! Das ist zunächst einmal ein gerütteltes Maß an Liebe für Sie! Bedingungslos und umfassend. Keiner liebt uns so wie er!

Und außerdem hat er Begabungen in Sie hineingelegt. Das mögen viele verschiedene sein: Sie können gut zuhören, schmackhaft kochen, zwei Instrumente spielen, Menschen das Gefühl des Angenommen-Seins vermitteln oder Ihre Wohnung ansprechend gestalten. Möglicherweise haben Sie auch eine ganz spezielle Begabung: Ihre Welt besteht aus Zahlen.

Jedenfalls haben Sie es in sich – das, was hinaus soll! Ihr Potential, dass Sie ausschöpfen können – familiär, ehrenamtlich oder beruflich. Oder sogar in allen drei Bereichen. Es lohnt sich, danach zu suchen. Damit Sie glücklich sind. Und damit andere durch Ihr Sein und Tun glücklich werden.

Dieses Buch möge Ihnen ein wenig dabei helfen, das zu finden, was Sie in sich haben. Außerdem möge es Ihnen helfen, es auch zu leben. Vielleicht sind Sie in diesem Bereich unsicher und fragend? Vielleicht haben Sie deshalb angefangen zu lesen? Vielleicht sind Sie frustriert und haben bereits eine falsche Entscheidung hinter sich? Das Gefühl kenne ich nur zu gut.

Ganz egal! Jetzt ist Ihre Zeit! Eine Zeit, in der Sie das leben können, was Sie können! Sie sind von Gott zärtlich und umfassend geliebt, Sie sind begabt und Sie sind berufen! Das ist ein enormes Potential!

Sie werden in diesem Buch vielen Frauen begegnen. Es sind zum größten Teil keine Fantasiegestalten, die an meinem Schreibtisch in Wetter an der Ruhr geformt und zu Papier gebracht wurden. Nein, es sind Frauen (und Männer), die ich zum Teil schon viele Jahre kenne. Frauen, mit denen ich das Leben teile. Frauen, die ich ermutige und trage oder die es bei mir tun. Ich bin diesen Schätzen dankbar dafür, dass sie nun auch ihr Leben mit Ihnen, meinen Leserinnen, teilen wollen. Das ist nicht selbstverständlich. Jede von ihnen habe ich gefragt, ob sie dazu bereit ist; einiges habe ich verfremdet, anderes ist ganz authentisch. Möglicherweise fällt Ihnen auf, dass hier viele Frauen aus helfenden Berufen auftauchen: Da ist so manche Krankenschwester, Ärztin, Theologin und Beraterin unter meinen Freundinnen. Lassen Sie sich davon bitte nicht irritieren. Damit will ich auf keinen Fall andere Berufe abwerten.

In jedem Fall werden Sie ehrliche und spannende Geschichten lesen. So viel kann ich Ihnen versprechen. Außerdem erzähle ich aus meinem eigenen Leben, von den glücksspendenden Highlights und auch den tiefen Abgründen.

Viel Freude und gute Inspiration wünsche ich Ihnen!

Vor dem Ende sprach Rabbi Sussja:
In der kommenden Welt wird man mich nicht fragen:
„Warum bist du nicht Mose gewesen?“
Man wird mich fragen:
„Warum bist du nicht Sussja gewesen?“

Rabbi Sussja[1]

Kapitel 1

VOR ALLEM ANDEREN: ERST MAL FRAU WERDEN

BERUFUNG BRAUCHT EINE STABILE BASIS.

Um die eigene Berufung zu finden, braucht man eine stabile Basis: das Bewusstsein weiblicher Identität. Einblick in meine „schiefe" Berufungsgeschichte und ihre Folgen. Kurzcheck weibliche Identität für Frauen.

MY HOME, MY CASTLE

Ich mag mein Zuhause! Ich fühle mich rundum wohl in unserem Häuschen, geborgen und gut aufgehoben. Deshalb stehe ich gern und meistens fröhlich auf. Natürlich nervt mich die ein oder andere unaufgeräumte Ecke, aber insgesamt fühle ich mich hier richtig wohl. Ich liebe es, in meinem Gartenstuhl zu sitzen und einen kleinen Wasserfall sprudeln zu hören; ich mag meine Sofaecke, von der aus ich das Feuer im Kamin am besten lodern sehen kann. Ich bin gern allein zu Haus, ebenso genieße ich manche Mahlzeit mit unserer Familie oder mit Gästen, die zu uns kommen. Mein Zuhause ist so etwas wie meine persönliche Basis. Weil die gut und fest steht, fahre ich auch gern weg: zu Freunden, Verwandten oder auch zu beruflichen Terminen wie zum Beispiel einem Frühstück für Frauen, wo ich einen Vortrag halte. Spätestens wenn ich wieder im Auto oder im Zug auf der Rückfahrt sitze, fällt mir mein Zuhause ein. Meine Basis! Mein Rückzugsort! Stabil und liebenswert! Ich freue mich drauf. Bald bin ich wieder zu Hause!

Wenn wir als Frauen danach fragen, was wir können und tun sollen, dann brauchen wir genau so eine stabile Basis, von der aus wir das tun! Nur liegt die in diesem Fall nicht außerhalb von uns, wie etwa ein schönes Reihenhäuschen am Stadtrand oder eine tolle Altbauwohnung in der Innenstadt. Sie liegt innerhalb von uns. Es ist die Gewissheit, als Frau richtig zu sein. Unsere Basis ist unsere persönliche Identität, die sich, wenn alles gut ging, in unserer Jugendzeit glücklich entwickelt haben sollte. Dann steht uns im wahrsten Sinn des Wortes die Welt offen. Wir können das verwirklichen, was Gott in uns hineingelegt hat. Ist diese Entwicklung nicht günstig verlaufen, dann gibt es auch in Sachen Berufung Probleme. Mein Leben mag das verdeutlichen.

Die eigene Berufung zu finden, geht müheloser, wenn unsere Identität als Frau stabil ist.

BEI MIR GING ES SCHIEF

Ich habe mir während meiner letzten Schuljahre viele Gedanken rund um Studium und Ausbildung gemacht, viel gelesen, nachgedacht und gebetet. Trotzdem ist mein erster beruflicher Weg sehr schwierig verlaufen.

Nach vielem Hin und Her entschloss ich mich 1984, Deutsch und Musik für das Lehramt der Sekundarstufe 1 zu studieren. Das Studium passte zu mir und bereitete mir sehr viel Freude. Es waren ja schon viele Jahre meine Lieblingsfächer in der Schule gewesen und nun konnte ich mich diesen beiden guten „Freunden“ widmen, ohne noch Schulfächer wie Mathe oder Physik mitschleppen zu müssen, was für mich eine echte Herausforderung gewesen wäre. Es lief also alles bestens – wenn da nur nicht die Gedanken an die künftige Berufszeit gewesen wären, die sich ab und an quälend in meinem Hinterkopf bemerkbar machten. Aber das war ja alles noch in weiter Ferne. Deshalb schob ich die Berufstätigkeit schön weit weg von mir.

Doch dann rückte sie näher. Unerwartet früh bekam ich in Hamburg eine Stelle, ein halbes Jahr nach meinem Umzug dorthin. Ich war dankbar, das muss man ja sein, wenn man so eine tolle Chance bekommt, allerdings auch ein wenig zögerlich. Tief im Inneren hatte ich nämlich Angst, was auf mich zukommen würde. Große Angst, von der ich nichts wusste. Im Frühjahr 1991 begann meine aktive Zeit als Lehrerin – sie brachte mir jede Menge Glück und Leid.

Das Glück bestand darin, dass ich mich schnell einlebte, fachlich und menschlich gut klar kam, ja sogar erfolgreich war. Das Leid aber bestand darin, dass sich schon nach kurzer Zeit diverse gesundheitliche Probleme einstellten, mit denen ich mich herumschlagen musste.

Meine ohnehin schon vorhandenen Rücken- und Kopfschmerzen verschlimmerten sich, ich wurde sehr infektanfällig, bekam sogar Herzschmerzen. Das alles brachte mich schnell in eine Art Erschöpfungszustand. Ich selbst dachte damals: Das ist eben so! Da kann man nichts machen. Mich trifft es halt öfter als andere. Im Leben wird einem nichts geschenkt. Einfach weitermachen ... Und ich machte weiter.

FRAGEN BRECHEN AUF

Jahre später kam dann für mich die Zeit, mich mit mir und meinen Problemen auseinanderzusetzen. Unsere beiden Kinder waren mittlerweile geboren und aus dem Allergröbsten heraus. Ich war seit ihrer Geburt zu Hause. Während manche Freundin sich erneut ihrer Berufstätigkeit näherte und überlegte, wie sie in Teilzeit oder Vollzeit wieder einsteigen könnte, dachte ich mit Schrecken daran. Die größte Herausforderung war mein allgemeiner gesundheitlicher Zustand. Der war schlicht und ergreifend zu dem Zeitpunkt so, dass an eine Arbeit als Lehrerin auch in Teilzeit überhaupt nicht zu denken war. Ich war in keiner Weise in der Lage, diesen Platz wieder einzunehmen. Das zu bemerken, war traurig und bitter.

Die andere Herausforderung bestand darin, meinem Zaudern, meinem Unwillen, meiner Zukunftsangst nachzugehen. Jetzt wieder zurück in die Schule? Bloß das nicht! Ich verstand mich selbst nicht mehr. War das denn nicht mein Traumberuf? Meine Berufung? War ich nicht erfolgreich gewesen? Warum um Himmels willen wollte ich um keinen Preis wieder zurück in die Schule, selbst wenn es mir gesundheitlich besser gegangen wäre?

Mitten in diesen heimlichen Gedanken, die nun langsam an die Oberfläche kamen, erlebte ich einen inneren Absturz. Ich begann eine Psychotherapie auf Anraten meiner Ärztin, damit man mir in Sachen Rückenschmerzen besser helfen könnte. Und dort, in diesen wöchentlichen Gesprächen, kam nach und nach ans Licht: Ich habe keine Basis! Ich habe noch keine Identität als Frau, geschweige denn als Mutter aufgebaut! Was für ein Schreck!

Es begann ein zunächst steiniger, später schöner Weg, auf dem ich alles das nachholte, was mir fehlte. In der Lebensmitte hatte ich viele Jahre lang gut zu tun, meine Basis aufzubauen. Das war eine Arbeit an mir selbst, die mit vielen Tränen verbunden war. In einem anderen Buch habe ich bereits eingehender davon berichtet.[2]

WARUM ES BEI MIR NICHT GEKLAPPT HAT

Einige Jahre später war ich dann dort, wo ich besser schon früher gewesen wäre: Ich fühlte mich glücklich als Frau! Da war kein Vakuum mehr in mir, sondern Freude, Erfüllung, Gewissheit, Glück. Von dieser Basis aus konnte ich nun ehrlich feststellen, warum es mit mir in der Schule nicht gut geklappt hatte, warum ich zwar sehr erfolgreich, aber nicht glücklich gewesen war (auch abgesehen von den gesundheitlichen Problemen). Ich konnte jetzt endlich, endlich benennen, was ich wollte.

Ja, die Fächer Deutsch und Musik waren stimmig für mich. Aber nie war mir aufgefallen, wie seltsam es war, dass ausgerechnet ich mit 10- bis 16-Jährigen arbeiten wollte. Ich hatte nie großes Interesse für diese Altersgruppe gezeigt, nur sehr kurz einmal den Kindergottesdienst geleitet. Kein Gedanke daran, etwa in der Jungschar- oder Pfadfinderarbeit mitzuhelfen! Vielmehr hatte ich mich immer gern für ältere Jugendliche und Erwachsene engagiert. Dort lag mein eigentliches Interesse, dort lagen auch meine Begabungen. Ich hatte das in der Schule mit den Teens zwar hinbekommen, hatte mich aber innerlich dabei verbogen, und das hatte mich enorm viel Kraft gekostet. Jetzt aber konnte ich ehrlich benennen: Ich will und kann gar nicht täglich mit Teens zusammen sein. Es entspricht mir nicht.

> Es gibt kein „Zu spät“, die eigene Identität zu suchen und zu finden.

Im Verlauf meiner „Ich werde Kerstin Wendel"-Phase erkannte ich zudem, dass ich gar nicht so extrovertiert und dominant war, wie es für ein Schulleben nötig ist. Ständig vorne zu stehen und zu sagen, wo es lang geht, ist nicht mein Ding. Ja, ich habe Leitungsgaben, aber ich musste auch feststellen, dass ich sehr viele introvertierte Anteile in mir trage. Ich bin gern allein, ich brauche die Zeiten des Alleinseins sogar, um mich stabil und gut fühlen zu können. Da war ich nun in der Schule völlig fehl am Platz: Hier war es laut und lebendig. Selbst auf der Toilette begleitete mich eine kleine Geräuschkulisse. Ständig reagieren zu müssen und angesprochen zu werden, Streit zu schlichten und für Ruhe zu sorgen – das war für mich ein Riesenstress. Und genau dieser tägliche Riesenstress hatte für meine häufigen Infekte und einen Teil meiner Schmerzen und Beschwerden gesorgt.

Keiner hatte im Verlauf meiner Ausbildung bemerkt, dass ich in dieser Hinsicht für den angestrebten Beruf überhaupt nicht begabt war. Und ich selbst habe es erst in der Lebensmitte entdeckt. Eine Weile konnte ich mich bemühen, dem Beruf trotzdem gerecht zu werden, aber es war ein ständiges Ankämpfen gegen mich selbst! Sehr spät erkannte ich, dass ich eigentlich „anders" war. Gott sei Dank war es nicht zu spät!

Zu allem Überfluss stellte ich fest, dass ich hochsensibel bin. Das ist keine Krankheit, sondern eine Eigenschaft, die ca. 15 bis 20 Prozent der Menschheit in sich tragen. Hinter ihr verbirgt sich eine Fülle an Begabungen. So kann ich zum Beispiel sehr viel gleichzeitig wahrnehmen, wenn ich mit Menschen zusammen bin. Auch Unausgesprochenes und unterschwellige Stimmungen fallen mir auf. Auf der anderen Seite gehören zu dieser Fähigkeit auch Eigenschaften, die wieder einmal überhaupt nicht zu Schule und Schulleben passen: Hochsensible können mit Lärm und Reizüberflutung nicht gut umgehen. Es ist eine riesige Belastung für sie. Ich fühlte mich eigentlich schon nach zwei Unterrichtsstunden völlig reizüberflutet. Das habe ich aber erst herausgefunden, als ich schon über 40 Jahre alt war.

Und es gab weitere Punkte, die zeigten, dass etwas schieflag: In der aktiven Zeit als Lehrerin bekam ich jede Menge Lob zu hören, natürlich aber auch Kritik. Denn keiner ist fehlerlos. Mein Problem war: Weil meine Basis nicht stimmte, konnte ich damit nicht angemessen locker umgehen. Ständig grübelte ich darüber nach, wenn ich kritisiert wurde, musste mich innerlich rechtfertigen, fühlte mich unglücklich und abgelehnt. Ich war nicht in der Lage, die Kritik aufzunehmen, umzusetzen und einfach fröhlich weiterzumachen. Dieses Problem wäre mir auch in anderen Berufen begegnet. Erst, als meine Basis stimmte und ich über ein gesundes Selbstwertgefühl verfügte, konnte ich angemessener mit Kritik umgehen.

Wenn ich meinen Kalender damals ehrlich betrachtet hätte, so hätte ich außerdem ganz klar erkennen können, dass sich meine gesundheitlichen Probleme im Schulalltag grundsätzlich verschlechterten. Das wirkte dann hinein in die Zeit, wenn der Druck nachließ, also zu Ferienbeginn. Folglich gab es nur wenige Zeiten, in denen es mir richtig gut ging.

Ein typisches Kennzeichen von Menschen, deren Basis als Mann oder Frau noch nicht stimmt, sind zudem Ängste, die den Alltag bestimmen. Ich hatte zum Beispiel tief sitzende Ängste vor Schülern! Die zeigte ich natürlich nicht. Sie waren mir selbst ja auch nicht bewusst. Vielmehr überspielte ich sie mit scheinbarer Ruhe und Gelassenheit. In meinem Inneren aber spielte sich ein einziger Kampf ab: Was ist, wenn die laut werden? Wenn die mich fertigmachen? Was ist, wenn ich dem Geschehen in der Klasse nicht gewachsen bin?

Außerdem hatte ich Angst vor neuen Situationen, vor neuen Schülern, Klassenfahrten an unbekannte Orte, fachfremdem Unterricht. Nun, als meine Basis später stimmig war und ich gut und gerne als Frau leben konnte, da lösten sich viele meiner Ängste auf. Oder sie verkleinerten sich zu annehmbaren Herausforderungen. Das allein wäre kein Grund gewesen, den Beruf wechseln zu müssen.

DIE KONSEQUENZ

Dennoch führten die anderen Beobachtungen dazu, dass ich irgendwann die schmerzhafte Erkenntnis an mich heranlassen konnte: Ich kann zur Zeit nicht in die Schule zurückgehen! Natürlich könnte ich es, aber zu welchem

Preis? Ich würde mich ganz darauf konzentrieren müssen, mich irgendwie zu regenerieren. Für meine Familie hätte ich keine Kraft mehr übrig. Irgendwann wäre meine Gesundheit komplett ruiniert, ich wäre dann vielleicht ein unheilbarer Burnout-Fall und damit eine Last für mich, meine Familie und die Gesellschaft. Ich gestand mir ein, dass ich eine Fehlentscheidung getroffen hatte. Ich hatte es nicht besser gewusst, mich nicht besser gekannt. Aber nun, wo ich endlich mit stabiler Basis lebte, wollte ich einen Beruf wählen, der mir entsprach und mit dem ich gut leben konnte.

Das alles war natürlich bitter. Ich hatte ja zig Materialien angeschafft, für die ich nun keine Verwendung mehr hatte. Natürlich hatte es auch jede Menge schöner Erlebnisse, guter Erinnerungen, positiver Beziehungen zu Kollegen und Schülern gegeben. Dies alles würde ich hinter mir lassen müssen, aber ich wusste, dass es für mich keinen Weg zurück gab. Es würde nur noch einen neuen Weg nach vorn geben. Wie ich diesen Weg gesucht und gefunden habe, davon werde ich in diesem Buch noch erzählen.

ZURÜCK ZUR BASIS

Wir haben gesehen: Ohne stabile Basis als Frau oder Mann kann es auch im Berufsleben zu echten, großen Schwierigkeiten kommen. Man trifft vielleicht grundsätzlich die falsche Entscheidung, wählt den falschen Beruf. Oder aber die Beziehungen am Arbeitsplatz überfordern. Man kann gesundheitliche Probleme bekommen. Oder man ist generell unerfüllt und unzufrieden mit der Tätigkeit. In irgendeiner Form können wir uns und anderen im Weg stehen. Das ist für keinen der Beteiligten schön. Für uns als betroffene Hauptperson nicht, aber auch nicht für unsere Familie und die Arbeitskollegen. Deshalb ist es wichtig, einen Basis-Check zu machen!

Ich habe von mir berichtet, von einer sorgenvollen Zeit meines Lebens, in der ich meine Basis erst finden musste. Wie sieht es mit Ihrer Basis aus? Leben Sie gern als Frau? Konnten Sie sich mit Ihren Gaben und Fähigkeiten ausreichend kennenlernen und entwickeln?

Wenn Sie das fröhlich abnicken können und wissen: Ja, so und so bin ich – dann freue ich mich sehr mit Ihnen mit, obwohl ich Sie nicht persönlich kenne. Es ist einfach klasse, wenn man gern als Frau leben mag.

Andere Leserinnen sind vielleicht unsicher und fragen: Woran kann ich denn erkennen, ob meine Basis stimmt? Wenn Sie sich das sehr bewusst oder ein wenig zögerlich fragen, dann möchte ich Sie bitten, kurz dranzubleiben ...

KURZCHECK FÜR FRAUEN

Nein, ich frage Sie jetzt nicht, ob Sie auch einen Lippenstift in der Handtasche mit sich herumtragen, mindestens fünfzehn Paar Schuhe im Schrank stehen haben und eine Modezeitschrift abonnieren. Als ob das die Erkennungszeichen von Frauen wären! Nein, so ist es natürlich nicht.

Stattdessen möchte ich Ihnen einige typische Gefühle und Verhaltensweisen vorstellen. Frauen ohne echte Basis, ohne Identitätsgefühl, leben und empfinden oft so. Welche der folgenden Punkte würden Sie bejahen?

- ○ Ich habe öfter Angst (vor neuen Situationen, vor Entscheidungen, vor der Verantwortung mit einem Kind oder im Beruf).
- ○ Ich fühle mich oft unsicher (weiß nicht richtig, was ich will).
- ○ Ich kann mich nicht gut spüren (kann meine Gefühle nicht richtig wahrnehmen).
- ○ Ich reagiere kindlich (brause auf, wenn es nicht nach meinem Willen geht, laufe in Konflikten innerlich oder äußerlich weg).
- ○ Ich kann mich oft nicht ertragen (nicht nur kurz vor der Periode, sondern häufig bestimmen mich negative Gedanken über mich selbst).
- ○ Ich lege keinen Wert auf mein Äußeres (verstecke mich gern in weiten Oberteilen, zeige nichts von mir richtig gern, pflege mich nicht).
- ○ Ich pflege mich zu sehr (meine Zeiten im Badezimmer sprengen je-

den Rahmen, nicht nur kurz vor dem Restaurantbesuch).

- ○ Ich fühle mich oft benachteiligt oder zu kurz gekommen (da wuchert jede Menge Neid in mir).
- ○ Ich mache mich gern von anderen abhängig (die Meinung meiner guten Freundin ist mir wichtiger als meine eigene).
- ○ Ich finde das Leben schwer, belastend und nicht durchschaubar.
- ○ Ich habe Probleme in Beziehungen (Misstrauen, Kälte oder Angst belasten meine Kontakte, ich bin oft unzufrieden, fühle mich nicht anerkannt).
- ○ Ich denke manchmal, dass mit mir etwas nicht stimmt (andere scheinen ihr Leben anders anpacken zu können).
- ○ Ich fühle mich oft isoliert (während andere sich zugehörig fühlen).
- ○ Ich erlebe mich anders, als andere mich erleben (Rückmeldungen von Freundinnen stimmen nicht mit meiner eigenen Meinung über mich überein).
- ○ Ich kann keine Grenzen setzen (mit dem Neinsagen stehe ich auf Kriegsfuß).
- ○ Ich lebe manchmal in einer Traumwelt (die ich mir durch Filme oder Bücher vorgeben lasse).
- ○ Ich vertröste mich, anstatt mich meinen Problemen zu stellen („Eigentlich habe ich es doch gut, mit Hobbys und Häuschen").
- ○ Ich opfere mich für andere auf (ich investiere übermäßig viel Geld, Zeit, Arbeit, Interesse, Mühe in andere Menschen).
- ○ Ich denke manchmal, dass mit meinem Glauben etwas nicht stimmt (alles bleibt irgendwie im Kopf stecken und sackt nicht ins Herz).

GOTT FÜHRT JEDE VON UNS INDIVIDUELL WEITER

Dieser Kurzcheck ist nun nicht dazu gedacht, uns Frauen zu deprimieren. Selbstverständlich hat jede von uns an der einen oder anderen Stelle noch Wachstumsbedarf. Und das wird auch so bleiben. Das ganze Leben lang.

Ich zum Beispiel kämpfe immer wieder mit Ängsten. Zu meiner Erleichterung aber ist es längst nicht mehr so schlimm wie früher. Mittlerweile gehe ich ohne Angst in viele neue Situationen, aber als ich jetzt zum ersten Mal länger ins Krankenhaus musste, da war das für mich auch nicht so ohne. Ich war ganz schön aufgeregt. Immer noch kämpfe ich also, wenn es um Ängste geht.

Ihre Baustellen sehen vermutlich anders aus als meine. Sie haben vielleicht ganz gut gelernt, auch mal „Nein" zu sagen, aber es rumort doch immer tüchtig in Ihnen, wenn Sie Aufforderungen von Angehörigen und Freunden hören. Oder es fällt Ihnen schwer, wenn andere Frauen öffentlich gelobt werden. Oder Sie kommen ins Rudern, wenn Sie ...

Sie sind also bestimmt einigen Baustellen im Check begegnet. Das ist kein Grund zu übermäßigem Frust, Selbstmitleid oder Schrecken. Gott sucht nicht die Superfrau, die fehlerlos, kraftvoll, fertig mit sich und der Welt ist. Er sucht Frauen, die bereit sind, zu wachsen! Dieser Kurzcheck ist deshalb als Wegweiser zu unseren persönlichen Wachstumsherausforderungen gedacht.

Denn es gibt Unterschiede: Die einen von uns haben schon eine recht stabile Basis, brauchen sich nur um die eine oder andere Baustelle zu kümmern. Die anderen können noch ein wenig mehr nachbessern. Wieder andere haben sich bisher noch gar nicht mit diesen Fragen beschäftigt und müssen ihre Identität als Frau erst noch finden.

Wenn Letzteres auf Sie zutrifft, könnte es sein, dass Sie beim Lesen ein besonderes Aha-Erlebnis gehabt haben. Man denkt ja im Allgemeinen nicht ständig über sich nach. Aber in den Aussagen des Kurzchecks konnten Sie sich vielleicht an ganz vielen Stellen wiedererkennen. Ja, genau so ist es! So fühle ich! Das erlebe ich, wenn ich mit Annette zusammen bin! So denke ich, wenn ich Annika reden höre! So geht es mir, wenn Tim mich um etwas bittet! Vielleicht sind Ihnen auch persönliche Baustellen begegnet, die Ihnen bisher nicht bewusst waren.

Ich selbst hatte dieses Aha-Erlebnis im Alter von 37 Jahren. Daraufhin habe ich eine richtig gute Entscheidung getroffen, indem ich mir gesagt habe: Ich möchte eine Basis! Ich möchte so nicht weiterleben! Ich möchte meine Identität als Frau aufbauen! Bei mir war also noch sehr viel nachzubessern, bis ich eine stabile Basis für mich hatte.

Wenn Sie gemerkt haben, dass Sie Ihre Basis noch suchen, dann ermutige ich Sie zu wichtigen Schritten. Bleiben Sie jetzt nicht allein mit dieser wichtigen Selbsterkenntnis, sondern werden Sie aktiv! Es verdient Hochachtung, dass Sie den Wunsch haben, wachsen zu wollen. Sie schaffen das, so wie ich auch, wenn Sie sich Unterstützung suchen. Dazu empfehle ich Ihnen eine Beziehung (Seelsorgerin oder Therapeutin), die Sie sich vor Ort suchen können[3], und natürlich Bücher[4]. Es ist traurig, wenn Sie viele Jahre ohne gute Basis waren, aber es gibt kein „Zu spät", sie noch aufzubauen oder zu verbessern!

Vielleicht brauchen Sie nun auch erst einmal Zeit, um sich um diese Basis zu kümmern, bevor Sie nach Ihrer Berufung fragen können. Das ist gut investierte Zeit, die Ihnen später garantiert zugutekommt. Ich wünsche Ihnen den Mut, Ihr Aha-Erlebnis jetzt nicht überzubügeln, sondern ihm Zeit und Raum zu geben. Da kann noch ganz viel in Ihrem Leben nachwachsen! Ihre Erkenntnisse werden Sie positiv verändern, Ihnen einen Wachstumsschub in Sachen Persönlichkeitsentwicklung geben und neue Freiheit ermöglichen. Ganz einfach deshalb, weil Sie immer mehr zu der Frau werden, die Gott sich vorgestellt hat, als er Sie schuf.

DEN PLATZ IM LEBEN FINDEN

Nun zurück zu unseren Ausgangsfragen. Die lauten ja: Was kann ich im Leben tun? Wo liegen meine Begabungen? Bin ich zu etwas berufen?

Diese Fragen schlummern vielleicht schon eine ganze Weile in Ihnen und drängen sich immer wieder nach vorn, so wie ein vorwitziger Krokus, der im Frühling ans Licht will. Oder Sie stehen bereits in den Startlöchern und sehnen sich danach, loszulegen. Sie wollen Ihren Platz einnehmen.

Vielleicht sind Sie noch sehr jung und stehen ganz am Anfang des Lebensweges, vielleicht haben Sie – wie ich – bereits Fehlentscheidungen hinter sich oder sind insgesamt auf der Suche nach Neuorientierung. Wow! Ich spüre schon fast Ihre knisternde Energie, Ihre Fähigkeiten, Ihre Bereitschaft! Was gibt es Schöneres, als wenn Frauen sich einbringen wollen, wenn sie – ihrer Situation und ihren Möglichkeiten entsprechend – Entscheidungen treffen wollen? Immer wieder, wenn ich Frauen in dieser Lage begegne, steckt mich ihre Aktivität an. Dann habe ich mit ihnen zusammen dieses Gefühl: Ja, da liegt die Welt ein Stück weit ganz offen vor ihnen. Und sie sind nicht so couchverliebt, dass sie nur dort im Wohnzimmer hängen bleiben, bei Schokolade und einer Menge nicht gelebter Träume. Nein, stattdessen haben sie sich die Schokolade in die Tasche gesteckt und wollen Träume leben!

Was gibt es Schöneres, als wenn Frauen sich einbringen wollen, wenn sie – ihrer Situation und ihren Möglichkeiten entsprechend – Entscheidungen treffen wollen?

Wenn es so bei Ihnen ist, dann können die nächsten Schritte drankommen. Denn wer eine gute, sichere Basis als Frau hat, kann loslegen! Lehnen Sie sich also ruhig einmal zufrieden zurück. Erinnern Sie sich an wichtige Entwicklungsschritte auf Ihrem Weg, vielleicht auch an die Vorbilder, die Sie weitergebracht haben! Sagen Sie den Betreffenden mal ausgiebig Dank oder schnappen Sie sich eine Karte, auf der Sie den Dank festhalten. Und bedanken Sie sich auch bei Ihrem Schöpfer. Er gönnt Ihnen von Herzen, dass Sie gern als Frau leben. Er hat Sie immer im Auge behalten, egal, wie geradlinig oder krumm Ihre Entwicklung verlaufen ist.

Feiern Sie, dass Sie bis hierhin gekommen sind! Ja mehr noch, dass Sie eine Sucherin geblieben sind. Sonst hätten Sie ja nicht zu diesem Buch gegriffen. Sie wollen konkret werden! Das finden und leben, was zu Ihnen passt! Das leben, was Ihnen wirklich wichtig ist!

Weil Sie eine Basis haben, können Sie loslegen. Sie können gespannt sein, was Sie persönlich auf diesem noch unbekannten Weg alles erleben werden. Wunder nicht ausgeschlossen!

Tu so viel Gutes, wie du kannst,
mit allem, was du kannst,
so gut du es kannst,
wo du nur kannst,
wann immer du nur kannst,
so vielen Leuten du nur kannst,
so lang du irgend kannst.

John Wesley

Kapitel 2

WAS EINE BERUFUNG IST

BERUFUNG SUCHT EINEN KONKRETEN PLATZ.

Berufung ist die Sache, mit der man sich einbringen kann und soll; ein altes Wort für eine spannende Aufgabe. Es geht nicht darum, ob man überhaupt eine Berufung hat, sondern nur darum, wie und wo man sie lebt.

BERUFUNG: GERUFEN ZU ETWAS!

Immer wieder reden wir von unserer „Berufung", sehnen uns danach, sie zu finden. Darum geht es ja auch in diesem Buch. Was versteht man aber genau darunter? Es ist gut, das Wort einmal ein wenig genauer anzusehen.

Meine Definition ist: Unter Berufung verstehen wir in unserer Zeit eine besondere Befähigung, die jemand in sich verspürt.

Das ist eigentlich schon alles. Wobei wir ahnen, dass das herauszufinden gar nicht immer so leicht ist. Sonst gäbe es nicht die vielen Bücher, Seminare und Tagungen zu diesem Thema. Das Wort zu verstehen, ist also vielleicht gar nicht so schwer. Es im eigenen Leben umzusetzen, schon. Ja, es bleibt sogar ein lebenslanger Prozess. Sind Sie erst 26 Jahre alt, wenn Sie das lesen, dann ahnen Sie, dass da noch eine Menge auf Sie zukommen kann. Sind Sie schon 66 Jahre alt, dann spüren Sie vielleicht, dass es in Sachen Berufung keine Berentung gibt. Auch auf Sie kann noch etwas zukommen. Denn es ist eben eine lebenslange Frage, die Berufungsfrage!

Unter Berufung verstehen wir in unserer Zeit eine besondere Befähigung, die jemand in sich verspürt.

In unserem Wort „Berufung" versteckt sich für uns alle hörbar das Wort „rufen". Und damit haben wir schon einen ganz wichtigen Hinweis. Hier wird jemand zu etwas gerufen. Deshalb sollen wir bereitwillig hören, wenn es um Berufung geht. Einerseits muss man sich selbst gut zuhören, andererseits sollten wir als Christen Gott gut zuhören. Die beiden folgenden Kapitel werden genau dieses Hören aufgreifen und vertiefen.

EIN BLICK IN DIE BIBEL

Menschen, die sehr deutlich erlebt haben, dass Gott sie gerufen hat, sind uns vielleicht aus dem Alten Testament bekannt. Hier finden wir interessante Berufungsgeschichten von Männern und Frauen, die eine ganz bestimmte Aufgabe erfüllen sollten: zum Beispiel von Mose, Jona, Debora oder Hulda. Gott hat diese Menschen mit ihrer Aufgabe nicht nur herausgefordert und dann sich selbst überlassen. Er hat sich immer wieder persönlich um sie gekümmert, sie weitergebracht. Eine Berufung von Gott zu bekommen bedeutet nicht, ein Leben ohne Schwierigkeiten oder Leid zu haben. Aber es bedeutet, ein spannendes Leben in direktem Kontakt mit Gott führen zu können – in dem er hilft und bewahrt und wir anderen Menschen mit unseren Gaben etwas nützen.[5]

Im Neuen Testament wird das Wort Berufung allgemeiner verstanden. Man könnte es auf eine klare, kurze Formel bringen: Berufung ist Nachfolge. Nachfolge ist Gemeinschaft mit Jesus und Mitarbeit. Jeder und jede ist also gefragt. Jeder und jede ist berufen.

Deshalb hier Worte der Bibel im Originalton:

„Gott ist treu. Er hat euch berufen zur Gemeinschaft mit seinem Sohn Jesus Christus, unserem Herrn" (1. Korinther 1,9). „Denn die Gaben, die Gott gibt, und die Berufung, die er ausspricht, bereut er nicht (…)" (Römer 11,29).

Das sind Aussagen, die allen gelten: Männern und Frauen. In diesen markanten, kurzen Sätzen finden wir eine Fülle von Gottes liebenden Gedanken für uns. Er freut sich auf ein enges Miteinander mit uns. Und er liebt es, seine Kinder zu begaben!

Natürlich kennt das Neue Testament neben diesen allgemeinen Aussagen auch noch besondere Berufungsgeschichten, wenn wir beispielsweise an die Jünger von Jesus denken oder an Paulus. Ihre Aufgaben waren einmalig und besonders, dennoch können ihre Erlebnisse uns zeigen, wie Gott beruft.

Allgemein ist zu beobachten: Gott beruft auch in den biblischen Beispielen nicht ein für alle Mal zu einer bestimmten, lebenslangen Aufgabe, sondern Berufungen können sich erweitern, ändern oder irgendwann abgeschlossen sein. Darauf werden wir später noch kommen.

UND WIR FRAUEN HEUTE?

Wie gesagt: Berufung hat seit dem Neuen Testament nicht aufgehört! Uns allen gilt der Ruf Gottes, mit ihm zu leben. Jede von uns hat da bereits eine besondere Geschichte. Bedenken Sie doch einmal, wie das bisher in Ihrem Leben gelaufen ist: Wann und wie haben Sie Gott kennengelernt und sich dafür entschieden, dass Sie ihm hinterher wollen? Wie und wo haben Sie Ihre ersten und vielleicht auch zweiten Erfahrungen damit gemacht, sich mit Ihren Begabungen einzubringen?

Jetzt sind wir an einer spannenden Stelle angekommen: Wenn es um Berufung geht, wird es nicht darum gehen, ob wir überhaupt eine haben. Es wird darum gehen, wo und wie wir sie ausleben.

„Jeder soll dem anderen mit der Begabung dienen, die ihm Gott gegeben hat. Wenn ihr die vielen Gaben Gottes in dieser Weise gebraucht, setzt ihr sie richtig ein“ (1. Petrus 4,10; HFA).

Da steht „jeder“, und das bedeutet: Sie sind begabt und zu etwas berufen! Das ist die ehrenvolle Nachricht, die Sie gerade entgegennehmen. Sie sind berufen! Nicht nur die Frau aus der Nachbargemeinde, die Sie vielleicht für überaus talentiert halten. *Sie* sind es! Sie haben Gaben und Fähigkeiten, die einmalig sind. Genau damit möchte Gott Sie gern einsetzen.

Vielleicht ist das dort, wo Sie dieses Buch lesen, nämlich in Ihrem Zuhause. Vielleicht ist es 40 Meter von Ihrem Zuhause entfernt bei der blinden Nachbarin, vielleicht drei Kilometer weit weg als Kassiererin in Ihrer Kirchengemeinde oder als Elternbeiratsvorsitzende in der Klasse Ihrer Tochter.

Vielleicht ist es 15 Kilometer von Ihnen entfernt bei Ihren Schwiegereltern oder in der Musicalarbeit einer Gemeinde. Oder sogar 5000 Kilometer weit weg von Ihrem eigentlichen Zuhause in den Elendsvierteln von Indien. Jede von uns kann sich einbringen mit dem, was sie kann, wofür sie ein Händchen hat oder ein Köpfchen.

Habe ich Ihnen schon eins meiner Lieblingszitate verraten? Es passt genau an diese Stelle: „Als Gott uns ein Herz gab, war das eine Einladung: Komm und verwirkliche, was ich in dich hineingelegt habe."[6] Sie persönlich haben diese Lebenseinladung bekommen, genau das zu verwirklichen! Das ist nicht zu leicht oder zu schwer für Sie. Es ist genau richtig. Denn dieses schöne Zitat verrät ja, dass Sie bereits etwas empfangen haben. Es schlummert vielleicht noch in Ihnen, weil Sie bisher nicht alles ausprobiert haben. Oder Sie haben bereits Teile verwirklicht. Wie dem auch sei: Es ist jetzt und heute möglich, dass Sie etwas wagen!

> Sie haben bereits etwas empfangen. Es ist nicht zu leicht oder zu schwer für Sie, es ist genau richtig.

Das hat nichts mit überhöhtem Wunschdenken zu tun: Vielleicht werde ich dann berühmt? Vielleicht erhalte ich wenigstens in meiner Kirchengemeinde oder meiner Heimatstadt Anerkennung? Nein, hier geht es nicht darum, sich in den Vordergrund zu spielen oder Aufmerksamkeit zu bekommen. Es geht darum, Konsequenzen aus dem ganz normalen Leben mit Gott zu ziehen. Nachfolge ist Gemeinschaft mit Jesus und Mitarbeit. Das ist unsere Berufung!

Um hier weiterzukommen, wird jetzt, wie schon erwähnt, das „Hören" wichtig: Wir sollten auf uns selbst und auf Gott hören, damit wir unsere ganz persönliche Berufung herausfinden.

Fangen wir mit uns selbst an und üben uns darin, uns gut zuzuhören …

Die Zukunft gehört denen,
die an die Schönheit ihrer Träume glauben.

Eleanor Roosevelt

Kapitel 3

SEI ES DIR WERT: LERN DICH SEHR GENAU KENNEN

BERUFUNG BAUT AUF SELBSTERKENNTNIS.

Für ein Frauenleben gibt es kein einfaches Rezept. Aber Frauen sind auf jeden Fall ausgezeichnet. Auf Spurensuche gehen, wer man ist (Kindheit, Bücher, Tests, Mitmenschen). Und mehrfachbegabte Frauen?

FÜR FRAUEN GIBT ES KEIN BACKREZEPT

Wir Frauen finden nirgends ein „Backrezept" für unser Leben. Dann wäre es ja schön einfach: Backbuch öffnen, unter Rührteig (oder Hefe-, Mürbteig ...) nachschauen, und im Handumdrehen wissen wir alles, was zu beachten ist. Wohl denen unter uns, die nur zum Marmorkuchen geboren sind und nicht zur Erdbeerbiskuitrolle! (Für die Herzhafteren unter uns: zum Brötchen oder zum schwäbischen Zwiebelkuchen.)

Nein, es gibt keine Anleitung für unser Leben, die wir durchlesen und anwenden können. Neben uns liegt kein wunderbarer, übersichtlicher Zettel, auf dem zu finden ist: „Annette, du bist die geborene Krankenschwester. Mach auf jeden Fall die Ausbildung fertig. Und eigentlich hast du sogar das Zeug dazu, in Afrika tätig zu sein." – „Elke, du bist kinderlieb. Gründe mit deinem Mann eine Großfamilie, ihr packt das." – „Corinna, spätestens mit 32 solltest du Gemeindeleiterin werden. Du hast den Blick für die Menschen und das organisatorische Geschick."

Diese Zettel gibt es nicht. Das macht die ganze Sache anstrengender. Jetzt müssen wir ja selbst so viel denken und fragen und ausprobieren ... Aber es macht die Frage nach unserer Berufung natürlich auch spannender. Vielleicht gibt es sogar wesentlich mehr Möglichkeiten, als der einen oder anderen von uns lieb ist?

FRAUEN SIND AUSGEZEICHNET

Auch wenn die folgenden Worte von einem Mann aufgeschrieben wurden, gelten sie für Männer *und* Frauen: „Ich danke dir, dass du mich so herrlich und ausgezeichnet gemacht hast! Wunderbar sind deine Werke, das weiß ich wohl“ (Psalm 139,14).

Ausgezeichnet gemacht! Testurteil „sehr gut!“ Sie, liebe Leserin, sind ausgezeichnet worden! Damit lässt sich leben, oder meinen Sie nicht?

Na ja, antworten Sie vielleicht. Und dann könnte die übliche Litanei folgen, was alles noch anders und besser bei Ihnen sein könnte.

Von außen mal angefangen:

- Mit dem Gesicht Lehrerin werden? Die Nase ist zu komisch. Das geht doch nicht.
- Regelmäßig ein Mittagessen für ein Nachbarskind anbieten, obwohl ich mit meinem Geld gerade so über die Runden komme?

Erst recht kritisch werden wir, wenn wir unsere Fähigkeiten und Möglichkeiten betrachten:

- Mit 62 Jahren noch etwas ganz anderes beginnen? Die werden mich doch alle auslachen und gar nicht akzeptieren.
- Kann ich mich wirklich selbständig machen? Habe ich die ausreichenden Begabungen, um eine gute Seelsorgerin zu werden?
- Ich würde ja gern studieren, jetzt wo die Kinder groß sind. In mir ist so ein großer ungestillter Wissensdurst, aber packen wir das finanziell oder übernehmen wir uns?
- Die türkischen Frauen in der Nachbarschaft liegen mir schon lange am Herzen. Am liebsten würde ich im nahegelegenen Bürgerhaus einen Raum anmieten und nachmittags mal etwas für sie anbieten. Aber bekomme ich das organisiert? Und kriege ich einen Ton raus, wenn die Frauen wirklich kommen?

Viele von uns finden sich als Frau nicht ganz so ausgezeichnet. Wenn wir verantwortlich für unsere Erschaffung gewesen wären, dann wäre ganz was anderes dabei herausgekommen. Herrlich und ausgezeichnet gemacht? Wir reiben uns erst einmal daran.

Das Erfreuliche ist nun aber: Ein Testurteil wird nicht von uns selbst erstellt! Stiftung Warentest ist objektiv. Wenn Ihre Butter eine 1,8 in der Wertung hat, dann vertrauen Sie darauf, freuen sich und essen sie mit Hochgenuss.

So ist es auch bei Ihnen: Das objektive Urteil kommt von außen. Deshalb schicke ich gleich noch ein weiteres Testurteil über Sie hinterher: Als Gott seine gesamte schöpferische Arbeit mit dieser Welt und den Menschen hinter sich hatte, lehnte er sich zum Betrachten zurück und gab das Urteil: sehr gut gelungen! Eine Eins, könnte man sagen. Nachzulesen ist das in 1. Mose 1,31.

Testurteil sehr gut! Sie sind ausgezeichnet worden!

Mit diesem Urteil über uns selbst können wir loslegen! Es soll uns nicht überheblich und hochmütig machen. Aber es soll uns ermutigen und stärken. Gegen die vielen Stimmen in uns selbst, die uns klein machen, entmutigen, entkräften, klingt jetzt eine andere Stimme an. Die sagt: Ich bin gut gemacht! Das habe ich gar nicht selbst verantwortet. Mein Schöpfer hat mich gut gemacht.

SPURENSUCHE

Unter dieser Voraussetzung kann die Spurensuche gelingen. Denn was nun als Nächstes ansteht, ist, sich selbst, so gut es geht, kennenzulernen. Wünschenswert wäre, dass wir unsere Begabungen irgendwann benennen können! Da wir nun mal kein Rezept bei der Geburt mit auf die Welt bekommen haben, müssen wir selbst unsere Fähigkeiten herausfinden, erproben und ausbilden. Außerdem ist es hilfreich, wenn wir viele Eigenschaften und Vorlieben von uns kennen (zum Beispiel ob wir gern im Team arbeiten, mit

Menschen oder lieber mit Dingen – wie Blumen, Materialien, Werkzeug – Umgang haben, ob wir Früh- oder Spätaufsteher sind ...). Um das Bild von uns zu vervollständigen, ist es auch wichtig, über die eigenen Schwächen und Begrenzungen Bescheid zu wissen (zum Beispiel ob wir Druck brauchen, um gut arbeiten zu können, körperlich nicht sehr belastbar sind, langsam arbeiten oder oft perfektionistisch eingestellt sind).

Ihre Spurensuche können Sie entlang von mindestens vier Aspekten gestalten:

SPURENSUCHE IN DER KINDHEIT

Fragen Sie sich selbst oder Ihre Eltern und Geschwister (falls vorhanden), was Sie als kleines Mädchen von Herzen gern gemacht haben. Als Kinder sind wir vorbehaltlos. Gerade in dieser Zeit gehen wir den Dingen nach, zu denen wir eine tiefe innere Neigung verspüren. Das andere lassen wir meist schnell in der Ecke verschwinden: Bei der einen war das die Strickliese, bei der anderen waren es die unzähligen Klamotten der Barbiepuppe. Bloß weg damit! Wenn wir aber das suchen, was uns schon sehr früh begeistert hat, dann finden sich vielleicht gute Spuren, die wir weiterverfolgen können.

Waren Sie eine Leseratte und haben Bücher verschlungen? Haben Sie gebastelt und die gesamte Familie mit Bildern, Lesezeichen, Figuren aus Kastanien versorgt? Sind Sie in Gesellschaft aufgeblüht und waren immer gern mit anderen zusammen? Vielleicht waren Sie sogar Klassensprecherin und haben sich für andere eingesetzt? Konnten Sie mit Zahlen umgehen, als wäre es ein Kinderspiel? Haben Sie sich als Verkäuferin versucht und Ihre ersten Erfolge auf dem Flohmarkt gefeiert? Haben Sie Ihre Puppenfamilie untersucht und operiert und gepflegt? Oder schon früh mit oder ohne Kochbuch gekocht?

Welche Bücher haben Sie fasziniert? Und warum war das so? Hatten Sie bereits als Kind Träume für Ihr Leben: Wenn ich groß bin, dann werde ich Bäuerin? Oder Grundschullehrerin?

Ich selbst hatte diesen Traum: Wenn ich groß bin, dann heirate ich einen Pastor! Ist dann auch so geschehen. Und es war gut so. Der Traum hat sich also erfüllt. Dennoch habe ich in der Lebensmitte erneut nach Spuren in der

Vergangenheit gesucht. Ich fand nach einiger Zeit auch welche, die verschüttet waren: Schon als Teenie habe ich eigene Texte verfasst und später häufig Referate oder Andachten für ältere Jugendliche vorbereitet. Ich habe das von Herzen gern gemacht und es hat mich erfüllt, wenn ich von anderen das Signal bekam: Die Texte haben mir etwas gebracht! Außerdem merkte ich, dass hinter der Traumvorstellung, einen Pastor zu heiraten, noch ein weiterer großer Wunsch gestanden hatte: Ich wollte und will Gott mit meiner Arbeit auf besondere Weise dienen können. Ich habe ja nur dieses eine Leben!

Als ich 37 Jahre alt war, habe ich dann entlang alter Träume und Spuren noch einmal neu nach meiner ganz persönlichen Berufung gefragt: Was kann und soll und will ich tun – unabhängig von dem, wozu mein Mann berufen ist? Das waren die Mut-Fragen, die mich in meiner persönlichen Berufung weiter vorangebracht haben – und das in der Lebensmitte! Wir sehen also: Für die Spurensuche ist es nie zu spät, auch nach der Lebensmitte nicht!

Natürlich liegt die Kindheit schon eine Weile zurück. Ich denke dennoch, dass es Ihnen gelingen wird, Ihre früheren Leidenschaften aufzuspüren. Vielleicht fahren Sie einmal zu Ihren Eltern und verbringen eine Zeit in Ihrem alten Kinderzimmer? Oder Sie reden mit Ihren alten Kinderfreundinnen oder mit Tante Else, die neben Ihnen wohnte: „Leute, was habe ich früher eigentlich den lieben langen Tag gemacht?" So werden Sie auf Dinge stoßen, die Ihnen vielleicht schon eine Weile nicht mehr bewusst sind, die Sie aber in Sachen Selbsterkenntnis einen ordentlichen Schritt voranbringen können. Halten Sie sie innerlich für sich fest, schreiben Sie sie sich auf oder kaufen Sie sich eine schicke Dose, in der Sie Zettel mit Kinderspuren aufbewahren . Lassen Sie sich irgendetwas einfallen, damit Sie Ihre Spuren nicht mehr verlieren.

Gestalten Sie Ihre Spurensuche!

Vielleicht ist es auch nicht mehr möglich, die Familie zu befragen, weil die Eltern tot sind oder das Verhältnis zueinander schwierig. Dann besitzen Sie möglicherweise noch Ihre alten Tagebücher? Nein, das ist nicht alles nur peinlich und zum Totlachen, was darin steht. Sie erfahren vielleicht verschüttete Dinge über sich, die Ihnen noch mal eine neue Sicht auf sich selbst geben. Oder Sie nehmen sich einen Nachmittag Zeit und schwelgen in alten Erinnerungen, die Ihnen dann vielleicht von ganz alleine kommen.

Könnte sein, dass Ihnen diese Spuren ganz wesentliche Informationen über sich selbst liefern und Ihnen eine neue, gute Richtung zeigen.

SPURENSUCHE MIT BÜCHERN

Lesen und sich dabei entdecken! Ja, das geht. Und zwar richtig gut. Es ist eine weitere wirklich hilfreiche Möglichkeit, um sich selbst auf die Spur zu kommen. Obwohl die Bücher nicht von Ihnen persönlich handeln, können sie eine Menge in Ihnen anstoßen.

Wenn Sie Biografien lieben, dann ist das vielleicht Ihre Schiene, um sich selbst auf die Spur zu kommen. Lesen Sie Lebensberichte von Menschen, deren Berufe und Berufungen Sie interessieren. Wenn Sie sich fragen, ob Sie als Kinderkrankenschwester nach Afrika gehen können, dann lesen Sie etwas darüber, wie andere es vor Ihnen erlebt haben. Und wenn Sie in die Hospizarbeit einsteigen wollen, dann lesen Sie, wie andere Frauen vor Ihnen in Deutschland oder weltweit das gemacht haben. Oder trauen Sie sich eine selbstständige Tätigkeit zu? Dann lesen Sie, wie andere es angegangen sind. Und wenn Sie Mutter werden wollen, dann lesen Sie etwas über den ganz normalen Alltagswahnsinn deutscher Mütter ...

Vielleicht steigt beim Lesen Ihr Interesse, Ihr Eifer nimmt zu, die Herausforderungen reizen Sie, statt Sie abzuschrecken. Oder aber Ihre Begeisterung wird gedämpft. Das, was Sie da beim Lesen mitbekommen, entspricht doch nicht Ihren Vorstellungen. Beides kann Ihnen dabei helfen, irgendwann eine Entscheidung für sich zu treffen.

Andere nehmen sich lieber gleich Sachbücher zum Thema Berufung vor. Einige sehr hilfreiche Titel finden Sie in den Anmerkungen.[7] Es sind Arbeitsbücher, die mit Bleistift und ausreichend Zeit gelesen werden sollten. Also schwergängiger als dieses Buch ... Besonders empfehlen möchte ich sie denen, die sich noch sehr unsicher fühlen, in welche Richtung es bei ihnen gehen könnte. Mithilfe dieser Bücher lernen Sie sich auf jeden Fall besser kennen.

Wenn Ihnen bereits die Richtung vor Augen steht, dann sind vielleicht sogar Sachbücher hilfreich, die genau Ihr Thema aufgreifen: „Wie mache ich mich selbstständig?“ „Persisch lernen in 100 Tagen!“ „Vom Umgang mit Demenzkranken“ – oder was auch immer Ihr persönliches Thema ist ...

Nun weiß ich sehr wohl, dass bei einigen die Lust auf ein Sachbuch – gar noch mit einem Stift dabei in der Hand – so gering ist wie die Lust auf Staubwischen. Das kann tatsächlich anstrengend werden. Aber vielleicht hilft Ihnen der Gedanke, was alles auf dem Spiel steht! Es geht ja bei der Frage nach Ihrer Berufung um eine Lebensentscheidung, die Sie selbst und eventuell Ihre Familie für eine längere Zeit beeinflussen wird. Berufung ist ein richtig wichtiges, großes Thema. Mit dem steht und fällt mitunter sehr viel Lebenszufriedenheit, sehr viel Gesundheit, sehr viel an finanziellen Möglichkeiten. Mitunter steht und fällt damit auch sehr viel in unserer Beziehung zu Gott. Deshalb ist es wichtig, an dieser Stelle gründlich zu sein.

Es geht nicht nur darum, dass Sie herausfinden, ob Sie gut in Englisch sind oder eine Lehrbegabung haben. Es geht vielmehr darum, dass Sie so viel wie möglich von Ihrer Persönlichkeit kennenlernen. Deshalb rate ich Ihnen dazu, in irgendeiner Form einen Persönlichkeitstest zu machen, beispielsweise mit dem Persönlichkeitsprofil-Modell von Marston[8]. Dadurch kommen ganz wichtige Einzelheiten zutage, die Ihnen vielleicht noch gar nicht bewusst sind. Sind Sie sehr kontaktfreudig, dann könnte es für Sie schwer werden, wenn Sie sich für eine einsame Übersetzungsarbeit auf den Philippinen entscheiden. Oder Sie merken, dass Sie sehr gewissenhaft, genau und diszipliniert sind. Dann könnte es schwierig für Sie sein, ein trubeliges Café für Migranten zu eröffnen. Vielleicht merken Sie auch, dass Sie sehr introvertiert sind und es von daher für Sie viel schöner ist, in der Gemeindebücherei nicht dem unmittelbaren Publikumskontakt ausgesetzt zu sein.

Es kann also sehr viel Sinn machen, das Sachbuch mit dem Bleistift durchzuarbeiten. Es geht ja darum, Ihre persönliche Lebens-Spurensuche so intensiv wie möglich anzugehen. Also, lassen Sie sich jede Menge Mut machen: Auch ein Sachbuch kann Sie erheblich voranbringen. Im Gegensatz zum leidigen Staubwischen müssen Sie es ja nicht immer wieder machen, sondern Sie profitieren langfristig davon.

SPURENSUCHE MIT TESTS

Auch bieten sich Tests an, die man bequem zu Hause am Bildschirm machen kann. In den Anmerkungen am Schluss dieses Buches finden Sie einige Informationen dazu.[9] Das ist eine weitere Möglichkeit, wie man sich selbst auf die Spur kommen kann.

SPURENSUCHE MITHILFE ANDERER MENSCHEN

Andere Menschen können ebenfalls eine große Hilfe sein, um in Sachen Selbsterkenntnis weiterzukommen. Natürlich sind Sie diejenige, die sich entscheiden muss, aber ein weiser Rat ist nicht zu verachten.

Als ich in der Lebensmitte vor der Frage stand, wie es denn nun beruflich für mich weitergehen sollte, bin ich mit dieser Frage nicht allein geblieben. Ich hatte eine Mentorin, die mich sehr gut kannte. Im Gespräch mit ihr sind die ersten Ideen entstanden und sie mündeten in einen ganz kurzen, knackigen Satz: Kerstin soll schreiben!

Eine sehr gute Freundin von mir hat mir außerdem in der Zeit gespiegelt, welche Gaben sie schwerpunktmäßig bei mir sieht. Das deckte sich mit der Aufgabenstellung: Schreiben und Referieren. Es hat mich immens vorangebracht, mich ermutigt, weitere Schritte zu wagen!

Suchen Sie sich weise Ratgeber!

Später, als ich meine ersten Schreibversuche hinter mir hatte, habe ich auch gleichaltrige und ältere Freundinnen und Freunde um ihr Feedback gebeten. Wenn die über meine Artikel gesagt hätten: „Ist unmöglich, geht gar nicht. Ich fand es langweilig und nichtssagend, was du da geschrieben hast", dann hätte ich auf keinen Fall weitergemacht. Es kam aber positives Feedback. Andere Menschen können also eine sehr große, wesentliche Hilfe sein.

Natürlich sollte es sich um ausgewählte Menschen handeln, die man befragt. Es hat keinen Sinn, wenn Sie Ihre Zukunftsfragen mit dem gesamten

Bekanntenkreis besprechen. Ratsamer ist es, sich an wenige kompetente, vertrauenswürdige Menschen zu wenden. Außerdem plädiere ich dafür, dass *einer* der Ratgeber nicht aus Ihrem engeren Freundeskreis stammen sollte. Es tut gut, wenn ein Coach oder eine Mentorin mit Ihnen zusammen auf Ihr Leben schaut. Durch die Außensicht kommen oft noch einmal wichtige Denkanstöße, die für Sie weiterbringend sein können.

DIE SPURENSUCHE BRINGT ERSTE ERGEBNISSE

Es kann sein, dass Ihre persönliche Spurensuche auf diese Weise langsam Form annimmt, weil Sie mehr über sich herausfinden. Hier ist die von Anne. Ihre Spurensuche hat Folgendes zutage gebracht:

> Leseratte, Tiernärrin, Bastlerin, mäßige Gitarrenspielerin. Bin ein initiativer Typ, also auch sehr kontaktfreudig, begeisternd, offen, kommuniziere gern. Außerdem habe ich stetige Anteile, arbeite gern im Team, bin zuverlässig, treu.

Anne ist Anfang 30. In ihrer Jugend- und Junge-Erwachsenen-Zeit hat sie sich nicht intensiv damit beschäftigt, was sie eigentlich ausmacht. Die Entscheidung für die erste Ausbildung als Zahnarzthelferin ist eher eine Notlösung gewesen, weil sie noch keine andere Idee für eine Ausbildung hatte. Sie ist jedoch permanent unzufrieden und weiß lange Zeit nicht so recht, warum eigentlich. Nach und nach kommt sie aber dahinter: Aufgrund ihrer Spurensuche mit Anfang 30 entsteht der Wunsch, noch eine zweite Ausbildung zu machen. Sie möchte Buchhändlerin werden! Bücher sind ein unglaublich wichtiger Bestandteil ihres Lebens. Das sieht sie jetzt ziemlich klar. Und sie sollen nicht nur ihr Hobby sein. Sie hat zwar den Patientenkontakt beim Zahnarzt sehr gemocht, aber irgendwie hat ihr immer etwas gefehlt. Das will sie nun nicht mehr länger verleugnen. Von ihrem Persönlichkeitsprofil her passt die Buchhändlerin optimal zu ihr.

Gitarre wird sie weiterhin sonntags im Kindergottesdienst spielen. Dort kann sie auch ihre Bastelideen einbringen. Es wird ihr guttun, dass im privaten Bereich vieles gleich bleibt, wenn sie sich jetzt noch einmal zu einer neuen Ausbildung entschließt. Die Tierliebe wird sie nur privat ausleben und sich um ihren Schäferhund kümmern. Bücher machen ihr im Vergleich einfach noch viel mehr Freude. Jetzt, wo die Entscheidung gefallen ist, geht sie voller Begeisterung auf die Ausbildung zu.

Das Suchergebnis von Julia sieht folgendermaßen aus:

> Vorliebe für Zahlen und Knobelaufgaben, starkes Interesse für Informatik, spiele recht gut Handball im Sportverein. Bin ein stetiger Typ, also ausdauernd, diszipliniert, kritisch und genau.

In ihrem Beruf als Informatikerin ist Julia an der richtigen Stelle. Seit drei Jahren ist sie Christin und hilft in der Kirchengemeinde im Kindergottesdienst mit. Im Anschluss daran ist sie jedoch immer fix und fertig. Aufgrund ihrer Spurensuche erkennt sie, dass sie als stetiger Typ mit introvertierten Anteilen dort nicht besonders gut eingesetzt ist. Der Posten der Kassiererin wird in fünf Monaten frei; hier möchte sie sich in Zukunft lieber einbringen. Dort, so ahnt sie, ist der richtige Platz für sie. So wird die 45-jährige Julia dort einsteigen und ihre Zahlenvorliebe auch für Gott einsetzen.

DIE SPURENSUCHE WIRD KOMPLIZIERT

Britta würde liebend gern mit Julia tauschen: Bei Julia ist alles einfach zu durchschauen. Da kann man ja im Handumdrehen seine Berufung finden und leben. Was aber ist mit Britta? Die ist mehrfach begabt, und das erschwert die Sache natürlich sehr. Ihre Spurensuche hat ergeben:

Starke Begabung für Mathematik, aber auch für Sprachen wie Englisch und Russisch, spiele hervorragend Gitarre und Klavier, fotografiere gern, habe Erfahrung mit Bildbearbeitung, starke seelsorgerliche Begabung, gebe gute Kochkurse an der VHS. Bin ein dominanter Typ, mutig und durchsetzungsfähig, bringe Dinge ins Rollen und liebe Herausforderungen. Habe initiative Anteile.

Für mehrfach begabte Menschen wie für Britta ist es wesentlich schwieriger, ihre Berufung zu finden und zufrieden zu leben. Da sind ja so unwahrscheinlich viele Möglichkeiten! Jede Entscheidung, die man trifft, bedeutet eben auch ein Nein oder zumindest die Einschränkung einer anderen Sache. Genau deshalb hat sich Britta viele Jahre um eine grundsätzliche Entscheidung herumgedrückt. Sie hat einfach alles Mögliche gemacht. Zwei Jahre hat sie als Lehrerin in einer Musikschule gearbeitet, einige Jahre vorher als Dozentin freiberuflich gejobbt und für dies und das Kurse angeboten. Jetzt ist sie 35, verheiratet, hat Familie. Ihr Mann verdient nicht so viel, dass es für alle gut reichen würde. Deshalb fragt sich Britta, wie ihre Berufung in der momentanen Situation aussieht. Sie entscheidet sich dafür, ihr abgebrochenes Sprachstudium zu beenden. Das schafft sie in gut zwei Jahren. Anschließend will sie sich selbstständig machen und ein Zentrum für Schülernachhilfe mit dem Schwerpunkt Sprachen aufmachen. Aufgrund ihrer mathematischen Begabung und ihrer dominanten Persönlichkeitsanteile kann ihr das auch vom wirtschaftlichen Gesichtspunkt her gut gelingen. Sie ist hoch motiviert, sowohl für das Studium als auch für die Berufstätigkeit. Außerdem freut sie sich, dass sie zum Familieneinkommen beitragen kann.

Meine Spurensuche war ebenfalls kompliziert. Das war, neben meiner starken gesundheitlichen Einschränkung, einer der vielen Gründe, warum es auch bei mir erst im zweiten Anlauf geklappt hat.

Gerade für mehrfach Begabte ist es sehr wichtig, sich genügend Zeit für die Selbsterforschung zu nehmen. Nur so kann man abwägen lernen und zu Entscheidungen kommen. Konkret an einem Beispiel von mir: Meine musikalische Begabung eignet sich nicht dafür, sie zum Hauptberuf zu machen. Nach wie vor bin ich extrem nervös, selbst wenn ich nur vor fünfzehn Leuten etwas vorspielen muss. Halte ich dagegen Referate vor 300 Frauen, ist meine Aufregung viel geringer als beim Vorspiel. Außerdem ist Musik so bewegend für mich, dass ich erst viele Stunden später wieder abschalten kann. Wenn ich einen Chor dirigiere, träume ich die ganze Nacht die Musik rauf und runter, statt erholt schlafen zu können. Meine Hochsensibilität erschwert mir da die innere Erholung. Auch deshalb kann ich unmöglich die Musik zum Hauptberuf machen.

Manche Frauen sind mehrfach begabt. Da wird die Spurensuche komplizierter!

UND IHRE SPURENSUCHE?

Wie sieht sie aus? Fangen Sie gerade mit der Suche an? Oder waren Sie schon erfolgreich und haben einige Einzelheiten über sich herausgefunden? Sind Sie dabei, zu ergänzen und neu zu bewerten?

Ich wünsche Ihnen den Mut und die Zeit, genau hinzuschauen! Denn das kann Ihnen keiner abnehmen. Auf jeden Fall werden Sie bei dieser Spurensuche einer einzigartigen Frau auf die Spur kommen, die „es" in sich hat! Das weiß ich. Ihr Testurteil ist ja schon vor langer Zeit festgelegt worden. Man kann Sie nur beglückwünschen!

Sie dürfen sich achten, indem Sie sich für Ihre Spurensuche genügend Zeit nehmen. Und wenn Ihnen danach ist, dann vergessen Sie unterwegs nicht, sich tüchtig zu belohnen: mit einem Espresso, einem Lavendelölbad, einer Runde Sport, einer Shoppingtour oder Ihren Lieblingsgummibärchen.

Ja, es ist mitunter nicht so leicht, sich auf die Spur zu kommen, aber es ist überaus spannend und interessant! Entdecken Sie Ihre geheimsten Träume! Nur dann können Sie diese später auch begeistert leben.

Partner

Gott, der Herr, der Mächtige,
redet und ruft der Welt zu
vom Aufgang der Sonne bis zu ihrem Niedergang.

Psalm 50,1 (LUT)

Kapitel 4

WENN GOTT REINREDET: VERLASS DICH DRAUF!

BERUFUNG IST DER RUF GOTTES.

Gott spricht in der Bibel und bis heute mit Menschen über Berufung. Er tut das unter anderem durch Bibelworte, Erlebnisse, Hinweise anderer Menschen, offene Türen, persönliche Ansprache.

FRAGEN UND HÖREN LERNEN

Meine Freundin Nora befindet sich in der Lebensmitte. Sie ist mutig. Irgendwann konnte sie vor sich und engen Freunden ehrlich eingestehen, dass sie ihren Beruf bei einer Behörde zwar ausübt, aber eine stetige Unruhe verspürt. Immer wieder fragte sie sich: „Ist das alles? Was tue ich eigentlich täglich?"

Sie ist bereits einige Jahre mit ihrer Spurensuche beschäftigt und hat sehr klar und deutlich für sich herausgefunden, in welche Richtung sie viel lieber gehen möchte. Sie kann gut mit Menschen umgehen und es ist ihr ein tiefes Bedürfnis, für andere Zeit zu haben, um sie zu begleiten. Das macht sie in ihrer Gemeinde bereits jahrein, jahraus ehrenamtlich. Aber sie will mehr! Wenn es nach ihr ginge, dann würde sie sofort ihren Beruf hinter sich lassen und – in dem Maße, wie es die Familie erlaubt – Beraterin in eigener Praxis sein. Mittlerweile hat sie sich eine Menge Fachwissen angeeignet, hat sich neben der Familienarbeit weitergebildet, Kurse belegt, Klienten begleitet, eine Abschlussarbeit geschrieben.

Eigentlich ist alles klar: Kündigen, aussteigen, umsteigen. Die Beratung liegt ihr, es stresst sie nicht sehr, es erfüllt sie. Wo ist das Problem?

Aber so klar ist es eben nicht. Immer wieder fragt sie in einem langen Prozess Gott, was er will. Und vor einigen Monaten kommt dann plötzlich der deutliche Eindruck: „Mach im Moment so weiter wie bisher. Mach deine Teilzeitarbeit bei der Behörde und hab außerdem Zeit für den ein oder anderen Klienten. Später wird die Beratungsarbeit mehr werden, jetzt nicht." Während sie mit einigen vertrauten Menschen betet, hört sie das ganz persönlich als Gottes Reden an sie.

Als sie mir davon erzählt, bin ich erstaunt und beglückt zugleich. Erstaunt, dass jetzt in ihr jahrelanges Ringen mit diesen Fragen plötzlich Ruhe eingekehrt ist. Beglückt, dass *er* es mal wieder getan hat: Er hat geredet! Er hat klargemacht, was für Nora dran ist. Ehrfürchtig bin ich an dem Abend, als sie mir davon erzählt.

Keine von uns, die ihr Leben bewusst mit Gott leben will, wird um diesen spannenden Lernprozess herumkommen: auf Gott hören zu lernen. Deshalb ist es wichtig, zu schauen, wie er denn bisher geredet hat:

WIE SPRICHT GOTT IN DER BIBEL ZU MENSCHEN?

Gott spricht durch die Schöpfung, seine Propheten, seinen Sohn Jesus Christus, durch den Heiligen Geist, in Träumen, inneren Eindrücken, durch Engel, durch Menschen, durch offene oder verschlossene Türen, in der Einsamkeit, durch Wunder. Für jede dieser Arten gibt es Beispiele in der Bibel.[10] Hinter dieser kurzen Aufzählung verbergen sich Lebensgeschichten, die es in sich haben. Nicht wenige davon handeln von Menschen, die eine neue Berufung bekamen. Manche davon waren in kurzer Zeit „abgearbeitet" (Hananias hatte zum Beispiel eine kurze Aufgabe an dem Christenverfolger Paulus – Apostelgeschichte 9,10-19), andere waren Lebensberufungen mit langfristigen Konsequenzen (zum Beispiel die Jüngerberufungen – Matthäus 4,18-22). Gott redet also, gerade auch in Berufungsfragen.

Eine von vielen Bibelstellen, die uns Gott als den redenden Gott ganz deutlich zeigen, ist folgende: „Der Herr spricht zu mir: Ich will dir den Weg zeigen, den du gehen sollst. Ich will dir raten und dich behüten" (Psalm 32,8).

Das ist sicher ein heiß geliebter Vers, der für Menschen mit Lebensfragen wichtig sein kann. Super, wenn man ihn als Taufvers bekommt oder an Silvester als Spruchkarte zieht. Na, das wird ein grandioses Jahr werden mit solch einer Zusage im Gepäck! Dennoch will das Hören gelernt sein! Damit man überhaupt mitbekommt, was Gott denn gerade im Begriff ist zu zeigen.

Zum Hören später noch mehr. Jetzt geht es erst einmal um das Reden.

UND WIE SPRICHT GOTT HEUTE NOCH ZU UNS?

Im Grunde genauso, wie es in den biblischen Geschichten der Fall ist, nämlich auf unterschiedliche und vielfältige Weise. Gott legt uns zwar kein Rezept für unser Leben in die Wiege, das wir dann später als erwachsene Frauen lesen können, aber er hat ein großes Interesse daran, dass unser Leben gelingt. Und deshalb redet er. Nicht immer fragen wir danach, nicht immer hören wir das, nicht immer verstehen wir das, nicht immer setzen wir das um. Auch bewahrt uns das nicht davor, Fehlentscheidungen zu treffen. Wir werden darauf noch in Kapitel neun kommen. Aber Gott kann und will immer wieder direkt in unser Leben reden. Er tut es, weil er gute Gedanken für jede von uns hat. Manchmal tut er es vorzeitig, sehr rechtzeitig vor anstehenden Entscheidungen. Manchmal redet er auch rein, wenn wir schon andere Wege eingeschlagen haben. Das ist nun kein Einmischen, wie von einem Menschen. So etwas kann ja unwahrscheinlich nervig sein. Nein, es ist ein Geschenk für unser Leben!

Ein spannender Prozess: auf Gott hören lernen.

Bill Hybels erzählt in seinem Buch ***Gottes leise Stimme hören***[11], wie ihn seine eigenen Gemeindeglieder in Sachen „Gott redet“ überrascht haben: Er hatte per Mail darum gebeten, dass sich Leute bei ihm mit Erlebnissen melden, wie Gott zu ihnen gesprochen hat. Drei Tage später quoll sein Postfach mit mehr als fünfhundert Antworten über … Nicht bei allen ging es um Fragen nach konkreter Berufung, aber manches davon ging in diese Richtung. Das ist krass, das ist herausfordernd, das ist Mut machend.

Mich spornt das jedenfalls dazu an, meine Fragen rund um Berufung nicht alleine anzugehen, sondern mit Gottes Hilfe. Genau deshalb ermutige ich Sie auch, Ihre Fragen nicht allein zu klären, sondern mit ihm. Einige Arten von Gottes Reden möchte ich vertiefen, damit Sie für Ihren eigenen Weg Anregungen bekommen. Gott redet in Sachen Berufung:

- durch Bibelworte,
- durch besondere Erlebnisse,
- durch andere Menschen,
- durch offene Türen,
- durch seine persönliche Ansprache,
- manchmal nur einen von zweien an,
- manchmal spektakulär.

GOTT REDET DURCH DIE BIBEL

Ich höre im Verlauf eines Jahres ziemlich viele Worte aus der Bibel. Nicht jedes Mal würde ich das als ganz persönliches, auf mich zugeschnittenes Reden Gottes bezeichnen. Reden Gottes heißt für mich: Es trifft mich ins Herz! Ich lese oder höre etwas und merke spontan: Ja, damit bin ich gemeint! Es ist ein starkes Gefühl, besonders tief durch ein bestimmtes Bibelwort angesprochen und herausgefordert zu werden. Andere Gedanken und Gefühle sind dann bei mir ausgeblendet. Intensiv leuchtet dieses Wort oder die Geschichte auf. Vielleicht stößt die Bibelstelle weitere Gedanken in mir an, vielleicht lassen sich sofort Verbindungen zu einer Lebensfrage herstellen. Jedenfalls merke ich in so einem Fall: Jetzt heißt es aufmerksam sein! Jetzt kommt etwas sehr Wichtiges. Seit meiner Lebenskrise vor einigen Jahren lebe ich generell in dieser Offenheit, dass Gott mich durch die Bibel „besonders" ansprechen kann. Beispielsweise ist Matthäus 11,28-30 eine Schlüsselstelle für mich geworden:

„Kommt alle her zu mir, die ihr müde seid und schwere Lasten tragt, ich will euch Ruhe schenken. Nehmt mein Joch auf euch. Ich will euch lehren, denn ich bin demütig und freundlich, und eure Seele wird bei mir zur Ruhe kommen. Denn mein Joch passt euch genau, und die Last, die ich euch auflege, ist leicht." Ich weiß, dass diese Worte sehr zu mir und meinem Leben passen und ich zur Wachsamkeit aufgerufen bin, wenn sie mir wieder begegnen. Da mein Leben einschließlich meiner beruflichen Aufgaben viele Jahre „zu schwer“ für mich war (durch Perfektionismus, Arbeitssucht, belastende Arbeitssituationen und mangelnde Gesundheit bedingt war ich häufig überfordert), schenkten mir diese Verse oft jede Menge Entlastung, und sie tun es auch heute noch. Ermutigt haben sie mich auch, als ich in meine neuen Aufgaben als Autorin und Referentin hineinwuchs. Manchmal habe ich mich in dieser Zeit gefragt: Darf Arbeit denn überhaupt so viel Freude bereiten, „leicht“ sein? Der Vers machte mir schnell deutlich: Ja, es darf so sein! Das Berufsleben muss keine Dauerqual sein, im Gegenteil. Natürlich ist es manchmal anstrengend, sehr sogar. Aber es muss keine Dauerüberforderung sein. Heute, Jahre später, wenn ein Buchkapitel schwierig zu schreiben oder ein Reisedienst sehr anstrengend ist, dann ermutigt mich dieser Vers, bewusst einen Schritt von der Arbeit zurückzutreten und kurz zu entspannen. Gott spricht mich also durch diesen Vers nach wie vor „besonders“ an. Das genieße ich.Bill Hybels fordert in seinem bereits erwähnten Buch dazu auf, bewusst ein paar Bibelstellen auswendig zu lernen, damit Gott eine Chance hat, direkt durch sein Wort zu uns zu reden – ohne Predigt, nur durch ein Bibelwort pur. Das ist eine sehr wertvolle Idee. Ich persönlich erlebe es so, dass ich Gott manchmal in besonderen Entscheidungssituationen ganz ehrlich um seinen Rat frage. Dann bin ich still. Anschließend schießt oft, schneller als ich denken kann, ein Bibelvers in meine Gedanken. Manchmal sind es solche gelernten Verse, manchmal auch andere, die mir erst einmal unbekannt vorkommen. Jedenfalls nehme ich diese Worte dann als persönliche Hilfestellung von oberster Stelle sehr ernst. Es ist doch ein enormes Geschenk von Gott, dass er so mit uns in Kontakt sein will und kann! Es ist so: Gott kann in ganz unterschiedlichen Situationen zu uns durch die Bibel sprechen: im Gottesdienst, beim Autofahren, beim Strandspaziergang, im Traum, bei der Arbeit. Gott setzt sich da keine Grenzen; er redet „grenzenlos“.

Gibt es in Ihrem Leben Schlüsselworte von Gott?

Einige Denkanstöße:

Gibt es in Ihrem Leben bereits Schlüsselworte oder Schlüsselgeschichten? Worte, durch die Sie sehr tief von Gott bewegt wurden – an einem bestimmten Punkt in Ihrem Leben oder sogar immer wieder?

Haben diese vielleicht sogar schon mit Ihren Berufungsfragen zu tun?

Leben Sie in innerer Bereitschaft, dass Gott durch sein Wort in Ihr Leben hineinreden kann?

GOTT REDET DURCH BESONDERE ERLEBNISSE

Vor einigen Monaten sind zwei tolle Frauen in unserer Gemeinde für einen besonderen Dienstbereich gewählt und gesegnet worden: Die beiden sind unsere leitenden Mitarbeiter für Sonderveranstaltungen – sie sorgen dafür, dass Menschen sich bei uns wohlfühlen können. Sie können sehr gut organisieren, sich spannende Rezepte für Fingerfood ausdenken, Mengen berechnen, einkaufen, Essen anrichten und ansprechend dekorieren. Sie haben eine Liebe und Leidenschaft dafür, Veranstaltungen kulinarisch zu bereichern.

Das, was heute ihr Dienst ist, hat mit einem besonderen Erlebnis zu tun: Vor ungefähr zwei Jahren veranstalteten wir eine Lesung mit Musik in unserer Gemeinde. Dazu haben diese beiden den Rahmen vorbereitet: Deko auf den Tischen, Knabbereien, Cocktails für die Pause. Im Anschluss haben sie jede Menge Ermutigung bekommen und Anerkennung für diesen Abend geerntet. Außerdem merkten sie, dass sie sehr gut zusammen arbeiten können, sich bestens ergänzen. Es flutscht einfach, weil sie sich gut zuarbeiten. Und nicht zuletzt stellten sie auch noch fest, dass ihnen das ganze richtig Spaß gemacht hatte. Dieser Leseabend war sozusagen die Initialzündung für ihren Dienst. Sie wurden für eine weitere Veranstaltung angefragt. Danach war ihnen klar: Das ist unser Ding! Wir machen weiter. Wir sind ein gutes Catering-Team.

Ein besonderes Erlebnis, in diesem Fall die Ausgestaltung des Leseabends, gab den Anstoß zu einer konkreten Berufung in eine dauerhafte Gemeindemitarbeit hinein.

Einige Denkanstöße:

Hatten Sie selbst solche Schlüsselerlebnisse, beruflich oder ehrenamtlich – vielleicht stellen Sie auch erst im Rückblick fest, dass es welche waren?

Haben Sie allein oder mit anderen bereits Dinge ausprobiert, durch die Sie eine echte Hilfe waren oder etwas bewirkt haben? Wurden Sie von anderen positiv darauf angesprochen?

Spüren Sie selbst eine große Sehnsucht in sich, dieses oder jenes noch einmal zu tun, weil es so gut gelaufen ist?

GOTT REDET DURCH ANDERE MENSCHEN

Als das Thema „Beruf, Berufung" für mich neu obenauf lag, war mir klar, dass ich das nicht allein angehen wollte. Wer entscheidet schon einfach so im Vorbeigehen, dass der gewählte und erlernte Beruf im Augenblick nicht mehr passt? Oder schon früher nicht gepasst hat? Das gesteht man sich nicht mal eben so nebenher ein.

Für mich war klar: Ich brauche echte Ratgeber! „Nur Narren glauben, sie bräuchten keinen Rat, weise Menschen aber hören auf andere" (Sprüche 12,15).

In diesem Sinn habe ich mich auf den Weg gemacht und Rat gesucht. In Kapitel drei habe ich ausführlicher davon erzählt.

Durch meine Mentorin und das Feedback von Freunden entstand der Mut, manches anzugehen: Artikel zu schreiben, sie abzuschicken, auf Reaktionen zu warten. Später das erste Buch zu schreiben, es in Zusammenarbeit mit meiner Lektorin auf den Weg zu bringen.

Die Menschen, die daran beteiligt waren, dass ich den Mut und die Kraft dazu fand, eine neue Lebensaufgabe zu beginnen, sind nun nicht irgendwelche Nachbarn oder alte Bekannte gewesen, die ich von einer lockeren Grillparty kannte. Es waren alles Frauen und Männer, die selbst intensiv mit Gott unterwegs waren. Menschen, die sich seit Jahren darin übten, nicht nur mit Gott zu reden, sondern auch auf ihn zu hören. Menschen, die in Sachen persönlicher Berufung sehr spannende Wege hinter sich hatten oder sich noch auf ihnen befanden.

Diese Menschen haben sich untereinander nicht über mich ausgetauscht. Sie wussten also nicht, ob ich andere schon vor ihnen befragt hatte und was diejenigen gesagt hatten. Dennoch war ihr Rat eindeutig und kam auch recht spontan. Sie konnten sich vorstellen, dass das Schreiben und Referieren mein Weg würde.

Dieses „Gesamtpaket" – der Rat von meiner Mentorin und meinen Freunden – war mir eine echte, sehr wertvolle Unterstützung. Ich konnte es als ermutigendes Reden von Gott annehmen, ***nachdem*** ich selbst eine neue Vorstellung für mein berufliches Leben gewonnen hatte. Für mich war es entscheidend, endlich selbst spüren zu können, was ich will und kann. Deshalb steht dieses Kapitel über das Reden Gottes auch bewusst hinter dem dritten Kapitel „Sei es dir wert: Lern dich sehr genau kennen".

Und noch ein zweites Beispiel, das zeigt, wie gut der Rat einiger weniger Menschen sein kann: Im Jahr 2012 wurde durch eine Bekannte eine Aufgabe an mich herangetragen. Ich selbst fühlte mich bedrängt aufgrund der Not, die ich dort spürte. Gleichzeitig fragte ich mich, ob meine Zeit und meine Gesundheit es hergeben würden, dass gerade ich diese ehrenamtliche Aufgabe übernahm. Deshalb bat ich drei Menschen um Rat: Seht ihr das als meine Aufgabe? Was hört ihr von Gott?

Alle drei Ratgeber gaben mir ein „Nein" weiter – was zu meinen eigenen Zweifeln passte! Das war genauso klar und eindeutig wie das Ja zu meiner Berufung. In diesem Fall hat es mir dazu verholfen, abzusagen. Das ist mir nicht leicht gefallen, war für mich aber sehr eindeutig.

Einige Denkanstöße:

Gibt es Menschen in Ihrem Leben, die im Hören auf Gott geübt sind und Ihr Vertrauen genießen? Pflegen Sie Kontakt mit Menschen, die Sie als Ihre Ratgeber bezeichnen? Erwarten Sie Gottes Reden durch diese vertrauten Menschen in Ihrem Lebensumfeld?

Haben Sie eine Mentorin oder einen Coach, mit der oder dem Sie Ihre Berufungsfragen durchgehen könnten?

GOTT REDET DURCH OFFENE TÜREN

Anke bekommt die Möglichkeit, ihre Teilzeit-Berufstätigkeit im pflegerischen Bereich zu verändern und auch ein wenig aufzustocken. Für sie würde das eine klare Verbesserung bedeuten: weniger Belastung für ihre nicht mehr ganz so fitten Knie, mehr Geld für die Familie. Auf der anderen Seite steht die Frage im Raum, ob das angesichts der Familiensituation schon dran ist. Anke hat vier Kinder, der Jüngste ist gerade in der fünften Klasse.

Wir überlegen gemeinsam hin und her, was dafür und was dagegen sprechen könnte. Außerdem beten wir gemeinsam dafür. Wir überlassen Gott die ganze Sache und bitten ihn, sich einzuschalten, wenn er es für nötig hält.

Anke hört dann nichts Weltbewegendes vom Himmel. Es kommt auch kein Bibelvers per Postkarte, keine innere Eingebung, kein Traum, kein Engel. Weil aber letztlich mehr dafür als dagegen spricht, sagt sie in Abstimmung mit ihrer Familie die Stelle zu und stellt sich klopfenden Herzens der neuen Herausforderung.

Mittlerweile liegen die ersten anstrengenden Wochen hinter ihr. Schnell ist klar, dass Anke von der Familie jetzt mehr im Haushalt unterstützt werden muss, damit es mit ihrer Arbeitsstelle klappen kann. Da gibt es erst einmal einige Missverständnisse und mehr Stress als vorher. Doch das wird sich regeln lassen. Ihr Fazit ist jedenfalls: „Es ist ein tolles Angebot gewesen. Ich bin froh, dass ich zugesagt habe. Ich nehme es als Geschenk von Gott an uns."

Gibt es offene Türen, die locken?

In diesem Fall hat Anke Gottes Reden einfach in dem Angebot gesehen: Er hat ihr neue, andere Erfahrungen zugetraut. Sie selbst musste durch die offene Tür hindurchgehen und probieren, ob die neuen Wege passen. Die Erfahrungen am neuen Arbeitsplatz bestätigten, dass das der Fall ist.

Einige Denkanstöße:

Wie mutig sind Sie? Trauen Sie sich, offene Türen zu nutzen oder neue Vorschläge und Ideen umzusetzen?

Stehen schon Projekte, Ideen, Arbeitsmöglichkeiten vor Ihrem inneren

Auge, die an Sie herangetragen wurden oder die Sie selbst für möglich halten?

Trauen Sie sich Schritte zu, auch wenn Sie noch nichts Weltbewegendes dazu von Gott vernommen haben und die Bestätigung vielleicht erst unterwegs erfolgt?

GOTT REDET DURCH SEINE PERSÖNLICHE ANSPRACHE

Lina hat viele Jahre als Lehrerin gearbeitet. Das war ihre Berufung. Sie ging regelrecht auf in ihrem anspruchsvollen Beruf. Sie liebte den Kontakt mit Schülern, Kollegen und Eltern. Außerdem war sie begeistert von ihren Fächern. Alles lief also gut. Sie konnte sich sogar über das normale Maß hinaus engagieren. Eigentlich gab es überhaupt keinen Grund, an einen Wechsel zu denken. Und dennoch hat sie dann einen Berufswechsel mit all seinen Mühen durchgezogen. Schlicht und ergreifend deshalb, weil Gott sie auf einen neuen, anderen Weg angesprochen hat.

Das liest sich so schnell und einfach. Für Lina selbst aber war es eine große Herausforderung, der sie sich im Vertrauen auf Gott gestellt hat. Sie musste dafür umziehen, noch mal die „Schulbank" drücken und ihr Lehramtsstudium erweitern. Aber sie hat es gern gemacht, weil sie wusste: Dieser Hinweis kam nicht von mir oder von anderen, er kam von oben!

Linas Beispiel erinnert uns an viele Berufungsgeschichten aus dem Neuen Testament. Die Fischer Simon und Andreas sind zwei von denen, die „im Vorbeigehen" von Jesus gerufen werden und eine neue Aufgabe bekommen. Sie sollen nun Menschen für den christlichen Glauben gewinnen: Menschen fischen statt Fische fischen. Das ist die neue, herausfordernde Aufgabe, die Jesus ihnen zutraut (Markus 1,17). Beide antworten darauf mit „Ja" und nehmen die Berufung an. Gott kann uns also richtig hörbar oder zumindest durch einen starken inneren Eindruck ansprechen.

Oft sind die Aufgaben, in die Jesus Menschen ruft, sehr passend für diese: Von ihren Möglichkeiten und Begabungen her können sie die neue Berufung gut ausfüllen. Da fällt dann das Hören und Tun relativ leicht. Viel seltener ist es so, dass Gott uns auf etwas anspricht, das wir selbst nicht wollen und eigentlich innerlich ablehnen. Bei dem Propheten Jeremia aus dem Alten Testament war es so: Er wurde von Gott schon als junger Mann in eine schwere Aufgabe gerufen. Bußprediger sollte er werden, um Gottes Volk zur Umkehr zu bewegen. Die Berufung dazu hat ihm von Anfang an nicht behagt: Er fühlte sich zu jung und zu unbegabt für diese Aufgabe (Jeremia 1,6). Gott ließ sich auf das Gespräch mit Jeremia ein und überzeugte ihn auf seine Weise: „‚Sag doch nicht, dass du zu jung bist', antwortete der Herr. ‚Du sollst hingehen, wohin ich dich sende, und sagen, was auch immer ich dir auftragen werde. Vor den Menschen brauchst du keine Angst zu haben, denn ich werde immer bei dir sein und dich retten. Das verspreche ich, der Herr'" (Jeremia 1,7-8).

Jeremia hat die Aufgabe dann tatsächlich angenommen. Fünfzig Jahre lang hat sie ihn beschäftigt und ihm viele leidvolle Erfahrungen eingebracht. Aber er ist Gott und seiner Berufung treu geblieben.

Dieses Beispiel fordert nicht dazu heraus, dass wir uns grundlos in anstrengende, leidvolle Situationen bringen sollen. Nein, wenn eine Frau ausnahmsweise eine Aufgabe bekommt, der sie sich nicht richtig gewachsen fühlt, dann soll sie diese nicht aus Liebe zum Leiden annehmen, sondern nur deshalb, weil sie persönlich darauf von Gott angesprochen worden ist. Bei Jeremia war es so, dass seine schwere Berufung immer wieder von Gott erneuert und bestätigt wurde. Das war das Geländer, an dem entlang er sich hangeln konnte, um seinen schweren Weg zu gehen. Anders wäre es nicht durchzuhalten gewesen.

Einige Denkanstöße:

Habe ich Gottes Ideen für meine Berufung bereits an irgendeiner Stelle meines Lebens konkret gehört? Hatte ich den Mut, diesen Ruf ernst zu nehmen?

Bin ich bereit, mit Gottes konkretem Reden in meinem Leben in Zukunft zu rechnen, obwohl ich das vielleicht noch nie so deutlich erlebt habe?

GOTT REDET MANCHMAL NUR EINEN VON ZWEIEN AN

Nun noch zu einem anderen, spannenden Aspekt, wie Gott reden kann. Manchmal bzw. sogar oft trifft eine Lebensberufung nicht nur uns allein, sondern uns in unserer Partnerschaft bzw. Familie. Sehr herausfordernd hat Sara das erlebt, eine Frau der Bibel. Sie hat nämlich nichts von Gott gehört – im Gegensatz zu Abraham, ihrem Mann:

Abraham bekommt in 1. Mose 12 eine neue Lebensaufgabe von Gott. Er soll in ein anderes Land gehen und dort einen neuen Anfang machen. Ihm wird dabei viel Segen versprochen. Abraham gehorcht. Doch von Sara, seiner Frau, wird nicht berichtet, dass Gott zu ihr geredet hat. Aber sie gehört zu Abraham. Sie vertraut. Und in diesem Vertrauen geht sie den gleichen Weg. Sie geht mit.

Ich gehe davon aus, dass Ehepartnern so etwas passieren kann – und das ist spannend![12] Es war nicht nötig, dass Gott zu beiden auf die gleiche Weise redete! In dieser Geschichte hat es gereicht, dass Gott Abraham die Dinge klarmachte. Es kann übrigens auch vorkommen, dass Gott über ein gemeinsames Thema zu Frauen spricht. Wer hier tiefer graben will, kann 1. Samuel 1 und 2 lesen.

Ich kenne selbst Paare, die erlebt haben, dass Gott nur einen von beiden angesprochen hat. Bei einer Freundin von mir war es ähnlich: Ihr Mann hat eine neue Aufgabe angenommen, die er als Berufung erkannt hat. Dazu war ein Umzug in eine neue Stadt nötig. Sie ist mitgegangen, im Vertrauen darauf, dass sie an seine Seite gehört. Neu vor Ort hat sie dann angefangen zu fragen: So, Gott, und was ist jetzt für mich dran?

Manchmal reicht es, wenn Gott einem der Partner etwas klarmacht.

Auch in unserer Ehe gab es eine Situation, in der Gott zu mir in Sachen Zukunft und Lebensentscheidung gesprochen hat. Und im Vertrauen ist mein Mann mitgegangen. Umgekehrt gab es eine Berufung in seinem Leben, bei der ich mitgegangen bin, obwohl ich nichts gehört hatte.

In der Ehe kann es also durchaus vorkommen, dass Gott nur mit einem redet, nicht beiden das Gleiche zur gleichen Zeit sagt. Warum? Vielleicht kann der andere gerade nicht so gut zuhören, ist blockiert. Vielleicht ist es nicht nötig, dass Gott mit beiden das Gleiche beredet. Ehepartner gehören zusammen und wenn einer etwas gesagt bekommt, dann tut der andere gut daran, im Vertrauen auf die beiden Wichtigsten im Leben – Gott und den Partner – mitzugehen.

Einige Denkanstöße:

Trauen Sie Ihrem Partner in Sachen Gotteserfahrungen etwas zu?

Sind Sie bereit, seine Lebensberufung mitzutragen – einschließlich aller Konsequenzen wie Umzug, Neuverteilung der Arbeit im Haushalt oder der Fürsorge für die Kinder?

Ist Ihr Partner bereit, Ihre Lebensberufung mitzutragen? Haben Sie als Paar schon miteinander über dieses Thema gesprochen?

GOTT KANN AUCH SPEKTAKULÄR REDEN – OFT LÄSST ER UNS ABER EINFACH MACHEN

Ich selbst habe Gottes Reden auch schon auf sehr spektakuläre Weise erlebt. Allerdings ging es dabei nicht um meine Berufung, sondern um meine Lebenshaltungen. Von daher gehe ich davon aus, dass Gott auch spektakulär reden kann (wie zum Beispiel im Fall von Lina) – durch Träume, innere Eingebungen, deutlich hörbar wie mit der Stimme eines Menschen. Wahrscheinlich wird es aber die Ausnahme sein. Er kann, aber er muss nicht.

Das Neue Testament sagt nicht, dass Gott üblicherweise spektakulär zu uns reden will. Deshalb ist es nicht angebracht, dazusitzen und darauf zu warten. Vielmehr achtet Gott uns, die von ihm geschenkten Gaben, unseren Willen, unsere Möglichkeiten. Er traut uns manchmal wesentlich mehr zu, als wir uns selbst zunächst zutrauen.

Eine gute Bekannte von mir wird angefragt, ob sie Koordinationsaufgaben im Rahmen einer großen Frühstückstreffenarbeit übernehmen wolle. Für sie bedeutet das u.a. Folgendes: eine große Gruppe von Mitarbeiterinnen zu leiten und zusammenzuhalten, viel organisatorische Arbeit zu erledigen, zu Arbeitswochenenden mit anderen Koordinatorinnen zu fahren. Sie hört nichts Spektakuläres von Gott. Aber sie sieht: Da ist keine, die es machen will. Da ist letztlich außer ihr keine, die es im Moment machen kann. Sie hat ein Herz dafür, mit dieser Arbeit Menschen zu erreichen, die von Gott noch keine Ahnung haben. Das ist ihr Motor. Aus diesem Grund entschließt sie sich dann dazu, die Aufgabe zu übernehmen, die sie viel Zeit und Kraft kosten wird. Sie wird ihr aber auch viel Erfüllung schenken und vielen Menschen die Möglichkeit geben, Christen kennenzulernen und wertvolle Veranstaltungen zu besuchen.

Mit diesem Beispiel möchte ich allerdings nicht dazu ermutigen, jede Not als Auftrag zu empfinden. Dann macht Frau schließlich alles Mögliche und verliert sich selbst dabei oder landet gar im Burnout. Das ist nicht gemeint. Im Basischeck von Kapitel eins ist es ja bereits darum gegangen, auch das Neinsagen einzuüben. Wenn man also von sich selbst weiß, dass man an dieser Stelle eine Schwäche hat, nämlich zu oft und zu viel „Ja“ zu neuen Aufgaben sagt, dann sollte man besonders wachsam sein. Trotzdem: Berufung kann eben auch durch eine Herausforderung, die direkt vor unseren Füßen liegt, angestoßen werden. Nicht immer ist ein spektakuläres Reden von Gott nötig.

Liegt eine Herausforderung direkt vor Ihren Füßen, die Gott Ihnen zutraut?

Einige Denkanstöße:

Sind Sie bereit, auch ohne spektakuläre Hinweise von Gott Schritte zu gehen? Oder sitzen Sie einfach auf dem Sofa und warten auf ein Highlight von oben?

Sind Sie bereit, Gottes stilles Reden in einer Aufgabe zu erspüren, die bisher keiner übernehmen wollte?

HÖREN WILL GELERNT SEIN

Bisher hat uns das Reden Gottes beschäftigt. Ganz eng damit verbunden ist das offene Ohr! Denn was nützt das Reden, wenn man nicht hört?

Mein Mann und ich kennen uns jetzt seit 27 Jahren (Mensch, das ist ja eine Ewigkeit!). Wir haben also schon viel miteinander geredet und aufeinander gehört. Dennoch passiert es uns, dass wir uns missverstehen, dass wir uns verhören, dass wir erstaunt sind über das, was der andere verstanden zu haben meint. Unser letztes Hörproblem liegt gerade mal einige Tage zurück. Und das Missverständnis ist immer noch nicht ganz geklärt ...

Fragen Sie Gott nach Ihrer Berufung. Löchern Sie ihn!

Hörprobleme! Die gibt's in jeder guten Beziehung – und selbstverständlich auch in der Beziehung zu Gott. Hier liegen sie allerdings nur einseitig vor: Gott bekommt nämlich alles mit, was wir sagen; wir bekommen aber nicht immer alles mit, was er sagt.

AUFMERKSAMES HÖREN FÄNGT MIT FRAGEN AN

In den vielen Beispielen dieses Kapitels ist bereits deutlich geworden, dass man Gott in Bezug auf die eigene Berufung Fragen stellen kann. Und ich möchte Sie dazu ermutigen, genau das zu tun:

- Jesus, reicht meine Liebe zu Kindern für die Kindergottesdienstarbeit aus?
- Jesus, ich möchte gern Familie gründen: Traust du mir Kinder zu?
- Jesus, die Studentenarbeit an meiner Uni braucht dringend eine gute Leitung. Packe ich das?
- Jesus, ich habe drei Stellenangebote als Grafikerin. Was soll ich denn jetzt machen?

Fragen Sie ihn! Löchern Sie ihn! Er hält das aus. Er freut sich, wenn wir unsere Sorgen und Fragen mit ihm teilen und ihn nicht ausklammern. Er sieht unser Herz, das voller Sehnsucht ist, etwas zu hören. Gott nimmt das wahr. Es beschäftigt ihn.

Haben Sie noch die Bibelstelle vom Anfang des Kapitels im Kopf? Gott hat Lust daran, zu leiten. Er hat Lust daran, Wege zu zeigen. Fragen Sie ihn wenn es sein muss auch mehrmals!

AUFMERKSAM HÖREN, WENN MAN NICHT GEFRAGT HAT

Erstaunlicherweise gibt es aber auch das andere: Manchmal hat man gar keine Frage gestellt und Gott antwortet trotzdem.

Meine Cousine liest einen Artikel, durch den ihr unmissverständlich und sehr plötzlich klar wird, dass sie eine bestimmte Aufgabe in der Gemeinde nicht mehr weitermachen soll. Sie ist nicht faul, sie hat auch nichts anderes im Hinterkopf, was sie stattdessen machen will, zum Beispiel Tennis spielen oder doch lieber den Büchertisch in der Gemeinde übernehmen. Nein, nichts dergleichen ist angedacht. Sie hat von sich aus nicht geplant, zu diesem Zeitpunkt mit der Aufgabe aufzuhören. Später mal, ja, aber jetzt ist das eigentlich noch nicht dran.

In dieser Situation liest sie also an einem ganz normalen Sonntagnachmittag einen Artikel und merkt unmissverständlich: Ich muss diese Mitarbeit beenden. Ich verstehe zwar nicht völlig, warum und wieso, aber es ist so deutlich, dass ich nicht anders kann.

Meine Cousine ist eine klare, lebensbejahende Frau. Sie setzt das Gehörte um, nicht zur Begeisterung der Frauengruppe, der sie diese Entscheidung erklären muss. Sie wird dort nicht mehr verantwortlich mitarbeiten können. Sie reagiert also auf das Wenige, was sie von Gott gehört hat. Sie traut sich das, obwohl sie noch keine andere Aufgabe hat.

Diese andere Aufgabe wird dann einige Monate später ganz klar: Ihr Mann möchte sehr gern in einer kleinen Gemeinde mehr Verantwortung übernehmen. Er ist Pastor und wird bald die nötige Zeit dazu haben. Und was wünscht er sich? Er wünscht sich, dass seine Frau, meine Cousine, unterstützend mitmacht und sich mit ihren Gaben einbringt!

Sofort merkt sie: Ich bin frei, ich kann eine Entscheidung fällen! Eine gemeinsame Aufgabe mit meinem Mann zu übernehmen, das würde mir sehr viel bedeuten!

Über viele Jahre sind sie zum großen Teil getrennten Aufgaben nachgegangen, aber nun tut sich eine Möglichkeit auf, als Ehepaar gemeinsam eine Herausforderung anzunehmen. Das wird ihr Miteinander stärken und gleichzeitig werden sie andere beschenken.

Gott hat also auf jeden Fall Ideen, wie er uns ansprechen kann, auch wenn wir ihn vielleicht noch gar nichts gefragt haben. Meine Cousine war dann so hörbereit und vertrauend, dass sie sein Reden umgesetzt hat.

Dieses Beispiel kann uns innerlich sehr entspannen: Mitunter müssen wir gar nicht so viel machen, so viel denken, so viel fragen. Mitunter sollten wir einfach nur zuhören, das mag in manchen Situationen völlig ausreichen. Manches wird sich dann erst später erklären ...

NACHFRAGEN, WENN MAN GOTT NICHT GLEICH VERSTEHT

Ich gebe es zu: Ich bin noch nicht sehr erfolgreich darin, bei Missverständnissen zwischen meinem Mann und mir liebevoll nachzufragen. Oft denke ich, ich wüsste ja alles, was er gesagt hat, ich hätte mir alles genauestens gemerkt. Das mag zwar manchmal der Fall sein, aber eben nicht immer. Also ist eine meiner nächsten Aufgaben: nachfragen lernen! „Mein Bester, hast du wirklich gesagt, dass du von jetzt an einmal im Monat kochen willst?" Jetzt lachen Sie bloß nicht, ich erinnere mich deutlich daran, dass er das gesagt hat, und es wäre mir doch echt zu wünschen, dass ich auch einmal Lachs in Weißwein genießen kann, oder etwa nicht?

Wirklich: Nachfragen ist besser, als vorschnell etwas zu behaupten. Nachfragen geht auch bei Gott. Wenn es einfach zu umwerfend, krass und unerwartet ist, was wir meinen, von ihm gehört zu haben, dann sollten wir nachfragen:

- Jesus, meinst du wirklich, dass ich nach 35 Jahren die Chorarbeit aufgeben soll?
- Jesus, habe ich das richtig verstanden, dass du mir ein Studium zutraust, nichts dagegen hast?
- Jesus, ich habe so eine große Liebe zu den muslimischen Frauen. Soll ich es wirklich wagen und an zwei Nachmittagen im Monat ein offenes Café im Gemeindegarten für sie anbieten?
- Jesus, ich habe so stark den Eindruck, ich soll in der Klasse meiner Tochter in die Elternarbeit einsteigen. Dann muss ich aber irgendetwas in der Gemeinde beenden, vielleicht sogar die Gestaltung des Schaukastens. Siehst du das auch so?

Wir können bei Gott nachfragen, wir können unsere sämtlichen Antennen auf „Hören“ stellen. Dann gehen wir mit besonderer Achtsamkeit durch unseren Alltag. Vielleicht räumt Gott auf ganz unspektakuläre Weise unsere Fragen aus dem Weg. Vielleicht macht er es manchmal sogar spektakulär.

WENN GOTT REDET: VERLASS DICH DRAUF!

Nora geht im Moment an drei Tagen der Woche verantwortungsbewusst ihrer Berufstätigkeit bei der Behörde nach und arbeitet daneben zeitlich begrenzt als Seelsorgerin, Anke hat sich in ihren neuen pflegerischen Bereich eingearbeitet, meine Cousine steht in den Startlöchern für die gemeinsame Aufgabe mit ihrem Mann, und ich selbst arbeite mit einem kleinen Zeitkontingent als Autorin und Referentin.

Im Leben dieser Frauen hat Gott auf unterschiedliche Weise geredet. Manchmal sehr laut, manchmal sehr leise. Manchmal war es lange erwartet und ersehnt, manchmal unerwartet und völlig überraschend. Wir alle wussten jedoch irgendwann genau: Das ist jetzt von ihm. Das ist kein eigener Spleen oder wurde von einer anderen Person über unser Leben drübergestülpt. Nein, wir sind zu dem Eindruck gekommen, dass Gott in dieser konkreten Sache zu uns geredet hat.

Dabei ist klar, dass das noch nicht die letzte Lebensentscheidung ist, die hier gefällt wurde. Es kann ohne Weiteres sein, dass da noch was kommt, dass irgendwann wieder neue Wege anstehen. Aber auf die konkreten Fragen nach unserer Berufung haben wir etwas gehört und seither haben wir uns darauf verlassen. Wir zweifeln das also nicht wieder an: Sollte Gott gesagt haben? Wir nörgeln nicht herum: Kann ich nicht lieber mehr freie Zeit für mich haben und öfter mit einer Freundin frühstücken gehen?

Wenn Gott gesprochen hat – nicht wieder infrage stellen!

Wir tun das, was uns wichtig geworden ist, im Vertrauen darauf, dass Gott mit uns ist und uns segnen wird. (Von diesen Segen wird in Kapitel zehn noch ausführlicher die Rede sein.) Auf ihn und sein Reden können wir uns verlassen!

UND IHR FRAGEN UND HÖREN?

Vielleicht sind Sie angespornt worden, Gott konkret in Ihre Fragen und Überlegungen miteinzubeziehen? Vielleicht gönnen Sie sich gerade sehr viel Stille in Ihrem Leben, um besser Ohr sein zu können? Vielleicht reden Sie mit einem Coach und beleuchten gemeinsam Ihre Gaben und Ideen? Vielleicht haben Sie schon irgendeinen Ansatzpunkt, eine Idee, eine grobe Richtung und müssen nur noch den Mut zu einem ersten Schritt finden?

Ich wünsche Ihnen ganz viel Vertrauen auf Gott, dass er gute Ideen in Ihrem Leben bestätigen will. Ich wünsche Ihnen Lust, etwas Neues in seinem Namen anzufangen. Ich wünsche Ihnen Mut zu ungewöhnlichen Schritten, zu Wagnissen, zu echten Abenteuern, die wir in unserer beruflichen oder ehrenamtlichen Mitarbeit oder bei privaten Aufgaben erleben können.

Lassen Sie sich von Gott in Ihre Fragen „reinreden". Und wenn er schweigt, dann gehen Sie den offenen Türen und Ihrem Herzschlag nach. Es kann sein, dass Sie dann sehr schnell mit Begeisterung etwas tun, was Sie sich vor drei Jahren im Leben noch nicht zugetraut hätten. Sollte es wider Erwarten ein Fiasko werden, dann können Sie schlicht und ergreifend einfach die Reißleine ziehen und die Dinge wieder ändern. Vielleicht aber passiert das ja gar nicht. Vielleicht ist es eher so, dass Sie nach drei Jahren zurückschauen und unendlich dankbar sind, dass gerade Sie genau diese Schritte gewagt haben.

Machen Sie Ihre eigenen unverwechselbaren Erfahrungen damit, auf Gottes Reden zu reagieren! Das wird sehr spannend, herausfordernd, aber auf jeden Fall Glück spendend werden! Schalten Sie Ihre Antennen auf Empfangsbereitschaft! Und dann machen Sie sich wie Nora, Anke und meine Cousine auf den Weg ...

Der erste Beruf des Menschen ist seine Beziehung.

Malte Rauch[13]

Kapitel 5

DEIN LEBENSSTAND PASST

AUCH BEZIEHUNGEN HABEN MIT BERUFUNG ZU TUN.

Der Lebensstand – in Beziehung oder ohne – ist Teil der Berufung. Weil das so ist, kann man mit ihm zufrieden sein und ihn ausfüllen. So erlebt man Glück und meistert manche Tücke. Menschen, die Gott uns anvertraut hat, sind Teil unserer Berufung.

WIESO ES PLÖTZLICH UM BEZIEHUNGEN GEHT

Ich bin Mutter von zwei Teenagern. Häufig teilen wir zwei bis vier Mahlzeiten pro Tag miteinander – das sind bis zu 120 Minuten Zeit zum Reden, Zuhören oder miteinander Schweigen. Und an manchen Tagen ist es noch mehr Zeit, denn neben den Mahlzeiten gibt es Vokabelabfragen, Trost im Krankheitsfall oder die Absprache über das Taschengeld. Seit 17 Jahren bin ich Mutter. Da kommt also ganz schön was an Zeit zusammen.

Vielleicht sind Sie gerade irritiert, wieso es plötzlich um Beziehungen statt um Ehrenämter oder den Beruf geht. Beim Thema Berufung dreht sich doch alles hauptsächlich um „Arbeit", oder?

> Wenn Menschen zu unserem Lebensstand gehören, dann sind sie Teil unserer Berufung.

Ich sehe das anders. Unser alltägliches menschliches Zusammenleben ist ein überaus wichtiger Lebensbereich. Wir alle verbringen relativ viel Zeit mit anderen und sie tragen ganz viel zu unserer Zufriedenheit oder Unzufriedenheit bei. Außerdem haben Menschen aus meiner Sicht ganz viel mit Berufung zu tun, ja sie sind sogar unsere erste Berufung. Und wenn sie zu unserem Lebensstand gehören, dann sind sie Teil unserer Berufung.

ES MACHT DEN GROSSEN UNTERSCHIED: DEN LEBENSSTAND ANNEHMEN

Marta ist Christin, sie ist seit einigen Jahren verwitwet, obwohl sie noch keine 60 ist. Nach einer Trauerphase geht es ihr jetzt in ihrem Lebensstand relativ gut. Sie ist berufstätig und hat die nötige Gesundheit, um ihren Job auszufüllen. In der Kirchengemeinde ist sie aktiv und hat dort Aufgabenbereiche übernommen, für die sie sich verantwortlich fühlt. Sie hat Freunde und Hobbys.

Wenn ich an sie denke, dann sehe ich eine zufriedene, glückliche Frau vor mir, die ihren Lebensstand akzeptiert hat. Damit ist sie ein beeindruckendes Vorbild für andere. Natürlich hat sie auch ihre Krisen, ihre Tränen, ihre Einsamkeitsgefühle. Dann sehnt sie sich nach einem Gegenüber, mit dem sie ihren Alltag teilen und Lebensfragen besprechen kann. Aber im Allgemeinen ist sie zufrieden mit ihrem Leben. Ist das nicht enorm beeindruckend?

Sie hätte auch im Selbstmitleid versinken können, weil sie so relativ jung Witwe geworden ist. Sie hätte sich auch einigeln und Kontakte abbrechen können. Aber Marta hängt nicht fest. Sie ist dem Leben zugewandt.

Es stehen noch andere Witwen vor meinem inneren Auge. Auch sie haben ihre Trauerzeit genommen. Aber sie haben diese nie beendet. Seit Jahren und Jahrzehnten befinden sie sich darin. Sie hadern mit Gott oder Menschen oder mit beiden. Wenn man ihnen begegnet, bekommt man das zu spüren: Undankbarkeit, Missmut, Vorwürfe gegen Gott, Unzufriedenheit und Einsamkeit schwappen einem entgegen.

Marta dagegen hat mir schon mehr als einmal Zukunftsangst genommen: Es geht also; selbst wenn man Witwe wird, kann man weiter wachsen. Man kann dahin wachsen, dass man seinen Stand irgendwann akzeptiert und sich für das öffnet, was Gott noch mit einem vorhat. Sicher braucht das eine Menge Zeit, Unterstützung, Heilung. Aber dann macht es den großen Unterschied! Es ist deutlich zu spüren, ob jemand seinen Lebensstand angenommen hat. So lebt Marta heute als Witwe nur noch mit einem erwachsenen Sohn zusammen statt mit ihren insgesamt vier Kindern und ihrem

Mann. Doch zu ihrem Alltag gehören jede Menge Menschen. Diesen kann sie zugewandt begegnen, weil sie mit sich im Reinen ist.

Jeder von uns lebt sein privates Glück oder Unglück eben auch mit anderen. Die Menschen unseres Lebensumfelds werden irgendwann und an irgendeiner Stelle spüren, ob wir notgedrungen Mutter oder Single oder Witwe sind oder ob wir es „gern" oder „bereitwillig" sind – Nachteile des Standes mit eingeschlossen. Die gehören halt für jede von uns einfach auch dazu.

Insgesamt aber bedeutet eine positive innere Einstellung: Wir haben unseren Lebensstand aus Gottes Hand angenommen. Wir sind in unsere Berufung hineingewachsen. Marta hat diesen Wachstumsprozess hinter sich.

JEDER LEBENSSTAND HAT SEINE TÜCKEN UND SEIN GLÜCK

Sarah ist mehrfache Mutter und Ende 30. Die Kleinste ist gerade einmal ein Jahr alt. Windeln, Windpocken und Schlafmangel bestimmen ihren Alltag. Wie sehr würde sie sich wünschen, einmal einen einzigen Abend ab 17 Uhr für sich zu haben! Himmlische Ruhe! Wie wunderschön! Stattdessen ist sie immer auf Abruf. Sie kann sich manchmal nicht so recht vorstellen, dass Singles auch ihre Herausforderungen haben.

Und Ellen? Sie hat genau das: die Abende für sich. Und zwar seit Jahr und Tag. Sie hat unendlich viele Abende ab 17 Uhr für sich. Sie ist Single und war nie etwas anderes. Sie beneidet Sarah um ihre süßen Kids, mit denen diese gerade vom Spielplatz nach Hause kommt. Durch ihr Küchenfenster sieht sie: Eines von Sarahs Kindern lacht ihr zu und winkt mit dem neuen, vom Sand verschmierten Handschuh. Sein Bruder schwenkt die angebissene Reiswaffel. „Haben die es gut", denkt Ellen. „Gleich wird auch noch der nette Papa dieser frohen Gesellschaft nach Hause kommen, an den Sarah sich nachher kuscheln kann." Dass Sarah später um 21 Uhr todmüde ist und beim Wäschefalten an nichts anderes mehr denkt als an ihr Kopfkissen, weiß sie nicht.

Ich kenne solche Unzufriedenheiten auch. Ich ahne, dass so manche Frau auf das schaut, was die andere hat. Dabei hat jeder Lebensstand seine Tücken und seine Herausforderungen, erst recht aber hat er so viel unverschämt schönes Glück! Und dieses Glück hat der Schöpfer für uns vorgesehen, damit wir Lebensfreude daraus ziehen können. Damit lässt sich dann so manche Tücke und Herausforderung richtig gut ertragen. Das wusste schon der weise Mann Salomo, der vor langer Zeit formulierte:

„Ich habe aber auch etwas Schönes und Gutes entdeckt: dass jemand isst, trinkt und Freude an seiner Arbeit hat, obwohl sie ihm, solange er lebt, viel Mühe schafft – denn das ist seine Bestimmung" (Prediger 5,17).

Mühe bei der Arbeit! Dieses Gefühl kennen sowohl die Mütter als auch die Singles als auch die kinderlosen Ehefrauen. Und Glück, Genuss und Freude an schönen Mahlzeiten und an der eigenen Arbeit, das kennen wohl auch alle.

Glück im eigenen Lebensstand von Ehe und Familie, das wollen wir suchen. Und anschließend wollen wir schauen, ob es ähnliches Glück auch für Singles gibt.

WAS GOTT SICH FÜR EHE UND FAMILIE AUSGEDACHT HAT

Ich frage gerne danach, was Gott sich in Bezug auf bestimmte Dinge eigentlich gedacht hat. In seinen uralten Lebensregeln finden wir das Grundgerüst für ein richtig gutes, erfülltes, fröhliches Leben. Von der Berufung zu Ehe und Familie lesen wir ganz am Anfang der Bibel, im ersten Kapitel:

„So schuf Gott die Menschen nach seinem Bild, nach dem Bild Gottes schuf er sie, als Mann und Frau schuf er sie. Und Gott segnete sie und gab ihnen den Auftrag: Seid fruchtbar und vermehrt euch, bevölkert die Erde und nehmt sie in Besitz" (1. Mose 1,27-28a).

Was hier in dürren Worten steht, ist der Auftrag, den viele von uns immer noch haben: erwachsen werden als Frau oder Mann und dann bereit sein für Ehe und Familie. Wie viel Arbeit das macht, wie viel Zeit das kostet, welche

Freude das schenkt, welchen Segen das bringt – all das steht nicht in dieser Stelle. Aber *dass* es Segen bringt, ist dort unmissverständlich zu lesen. (Zur Situation der Singles kommen wir gleich auch noch.)

Sarah, die Mehrfachmutter, von der ich eben erzählte, erlebt diesen Segen. Sie spürt ihn, wenn sie sieht, wie ihre Kinder heranwachsen und ihre Fähigkeiten entdecken. Sie sieht Segen in ihren ausgeglichenen Mädchen und Jungen, die ihr geborgenes Zuhause genießen und dort auftanken.

In Ehe und Familie können wir sehr krasse, berührende Erfahrungen mit Gott machen. Dafür muss man nicht ins Ausland gehen oder einen Missionseinsatz mitmachen. Das kann man täglich zu Hause haben.

„Die Liebe, die einen dazu treibt, eine Familie zu gründen mit dem Menschen, ohne den man nicht mehr leben kann, ist eine Liebe, wo Gott unaufhörlich gegenwärtig ist."[14] Gott ist da – in Ehe und Familie. Er will mitgestalten. Er ist dort im ganz Alltäglichen erfahrbar. Liebe soll und kann in unseren Beziehungen zu Hause konkret werden: „Befreit euch von Bitterkeit und Wut, von Ärger, harten Worten und übler Nachrede sowie jeder Art von Bosheit. Seid stattdessen freundlich und mitfühlend zueinander und vergebt euch gegenseitig, wie auch Gott euch durch Christus vergeben hat" (Epheser 5,31-32). Allein in diesen zwei Versen finden wir genug Hinweise, die uns zu einem revolutionären Miteinander, eben auch in der Familie, herausfordern. Das kann unser tägliches Lebensglück sein!

Lebensglück: Gott zwischen Kaninchenstall und Klavierdeckel in der Familie erleben.

MEINE TÜCKEN UND MEIN GLÜCK

Ich habe den Auftrag zur Ehe angenommen, als ich mich vor bald drei Jahrzehnten in meinen Mann verliebt habe und wir beide dann nach einigen Jahren Freundschaft zu der Entscheidung kamen: Wenn Ehe, dann miteinander!

In Sachen Kinder war ich nicht so locker wie vielleicht manch andere Frau. Schon damals war ich chronisch krank und deshalb hatte ich großen

Respekt vor der Aufgabe. Einige Jahre haben mein Mann und ich hin und her überlegt, mit Freunden geredet und darüber gebetet, ob unsere Aufgabe „Familie“ sei. Wir haben also gefragt, ob wir trotz Krankheit bewusst in Menschen investieren sollen. Oder ob wir ausschließlich „Dingen“ den Vorzug geben sollen. Für uns wären die „Dinge“ Folgendes gewesen: uns mit unseren geistigen Fähigkeiten für andere Menschen einsetzen. Wir haben es zum Schluss dann darauf ankommen lassen ... So wurde „Mutter“ doch noch mein Lebensstand.

Nach dem zweiten Kind haben wir sehr deutlich gemerkt, dass wir mehr nicht schaffen. Kleinfamilie ja, aber mehr nicht! Wir stehen dazu und fragen heute nicht, warum wir bei uns am Küchentisch nicht mehr sind.

Die dürren Worte vom Anfang der Bibel (siehe oben) sind für mich heute eine Hilfe, wenn ich einmal im Familienalltag versinke: Ja, das ist jetzt mein Auftrag. Hier beim Elternabend sitzen, obwohl manches Unwichtige besprochen wird; im Wartezimmer beim Kinderarzt warten und die Zeit herumbringen, obwohl zu Hause die Arbeit wartet; die Wäscheberge bearbeiten, die zwei Teenies mit sich bringen, obwohl das eine sehr monotone Aufgabe ist. Das gehört jetzt einfach dazu. Es gehört genauso dazu wie die wichtigen Gespräche über Gott und die Welt, die bei der Autofahrt oder abends im Bad stattfinden. Das alles ist zurzeit das kleine Einmaleins von Gottes Berufung zur Familie für mich.

Genauso helfen mir Worte der Bibel, wenn es in der Partnerschaft einmal schwergängig ist. Es ist und bleibt mein Auftrag, bei meinem Mann zu bleiben. Auch wenn das Mühe kostet, wir uns nur schwer verstehen oder uns versöhnen müssen, er mir etwas schuldig geblieben ist oder ich ihm. Das kleine Einmaleins der Ehe muss jeden Tag wieder neu geübt werden.

Diese Beauftragung gibt mir Kraft. Sie gibt mir die Alltagskraft, die es eben braucht, um Ehe und Familie am Laufen zu halten. Ich will das also gern sein, Ehefrau und Mutter. Bereitwillig möchte ich mir all die notwendige Zeit nehmen, die mein Mann und meine Kinder von mir brauchen.

Ich ahne auch das andere: Wenn ich diese Beauftragung nicht hätte, dann weiß ich nicht, ob ich bis hierher durchgehalten hätte. Ich kenne Situationen in Ehe und Familie, die mir so schwer und herausfordernd waren, dass ich nicht dachte, ich könnte sie bestehen. Ja, ein- oder zweimal habe ich sogar an Flucht gedacht. Ganz kurz nur. Weil ich dachte: Ich habe nicht mehr die Kraft, um weiterzumachen. Wenn aber ein Auftrag da ist, dann ist auch Kraft dafür da! Deshalb also bin ich meist gern Ehefrau und Mutter: Ich weiß, es ist Gottes Auftrag für mich.

Oft erlebe ich auch tiefes, schönes Glück in meiner Familie: Letzten Samstag haben wir alle zusammengesessen, die vorletzten Weihnachtskekse gegessen und Tee getrunken. Immer wieder gab es auch witzige Kommentare bei Tisch, über die wir alle lachen konnten. Ungeplant ergab sich dann, dass wir in ein spannendes Gespräch hineinfanden, wie die Jugendgruppe der Teenies vielleicht neu durchstarten könnte. Wir überlegten, ob ein Schülergebetskreis dabei eine Hilfe sein könnte. Ich erzählte von früher, von meinen Erlebnissen damit, lange ist's her … Später haben wir noch zusammen einen alten Tatort geguckt und uns dabei geholfen, den zu finden, der nun eigentlich der Bösewicht war. Es ist oft richtig nett mit unseren Kindern.

Es ist wichtig, Ehe und Familie den zentralen Platz einzuräumen.

Oder das Glück neulich, als ich es schaffte, meinen ganzen Ärger gegen meinen Mann hinter mir zu lassen. Haushaltspflichten geben bei uns nämlich immer wieder Anlass zu richtigem Stress miteinander. Wir konnten neu aufeinander zugehen und Missverständnisse ausräumen, die schlicht und ergreifend wegen des Streichens unseres Balkongeländers entstanden waren. Gott sei Dank haben wir auch diesen Streit bewältigt.

Das alles soll jetzt nicht wie ein Ausschnitt aus einem Rosamunde Pilcher-Film wirken. Dass wir als Familie heute so viel Glück miteinander haben, liegt an Folgendem: Wir haben manche dicke Krise zusammen bestanden und außerdem viel Segen von Gott erlebt. Wenn ich mich persönlich in den letzten Jahren nicht rapide verändert hätte (was wiederum Veränderungen bei meinem Mann und meinen Kids in Gang gebracht hat), dann gäbe es heute bei uns nicht viel zu lachen. Samstags nicht und an anderen Tagen auch nicht. Von meinen Kämpfen rund um das Reifen zum Frau- und Muttersein habe ich in einem anderen Buch erzählt.[15] Gerade deshalb bin ich oft überaus dankbar für uns als Familie. Ich kann mir eben auch vorstellen, wie es heute laufen würde, wenn es keine Veränderung gegeben hätte. In so einer Wendel-Familie gäbe es dann wenig Glück und Zufriedenheit. Sicher gäbe es viel innere Einsamkeit, versteckten Groll und jede Menge Unzufriedenheit.

WAS ICH IHNEN ALS EHEFRAU WÜNSCHE

Vielleicht haben Sie sich beim Lesen dieses Kapitels zurückerinnert an Ihren Auftrag Ehe, den Sie vor fünf oder fünfzehn Jahren oder gar vor drei Jahrzehnten vor einem Traualtar empfangen haben. Dann wünsche ich Ihnen, dass Sie beim Training Ihres Ehe-Einmaleins' aufgrund seines straffen Ordnungssinns, seiner abendlichen Schweigsamkeit oder seines hohen Süßigkeitenkonsums nicht die Lust verlieren …

Ich wünsche Ihnen die Ehrlichkeit, sich nach Ihrer Zufriedenheit zu befragen. Und wenn Sie jede Menge Lustlosigkeit und Unzufriedenheit spüren, dann wünsche ich Ihnen Ideen, wie Ihre Ehe wieder neu frisch und erfüllt werden kann. Vielleicht heißt das, einen Eheabend einzurichten, sich im Sportverein anzumelden, sich gemeinsam einen Schrebergarten zu kaufen oder zum Tanzkurs zu gehen. Vielleicht heißt das, sich bei Ihrem Mann zu entschuldigen oder sich nach Jahren ehrlich auszusprechen, ein Seminar bei Team F zu besuchen oder ein Ehebuch zusammen zu lesen. Vielleicht heißt es sogar, einen Berater mit ins Boot zu nehmen, weil Ihre Beziehung total festgefahren ist und eigentlich nichts mehr läuft, innerhalb und außerhalb des Bettes.

Ich wünsche Ihnen diese kleinen Momente an Zeit, die es braucht, um im Alltag über Ihre Beziehung nachzudenken. Denn letztlich ist sie wichtiger als die Stromrechnung oder die Buchung des nächsten Urlaubs.

Ich wünsche Ihnen Mut, diesen alten Auftrag zur Ehe immer wieder an die erste Stelle zu rücken, auch wenn Sie wahnsinnig viel zu tun haben aufgrund Ihres Berufs oder der Pflege kranker Eltern oder wegen aufgeweckter Kleinkinder. Sie können sich Ihre gemeinsamen Oasen suchen und diese pflegen, damit Sie durchhalten und die Tücken gut umfahren. Denn die bestehen ja oft nicht aus der Grippe, die einer einmal hat, sondern aus Enttäuschungen, Missverständnissen, Unterschieden und Gegensätzen. Mithilfe guter, ehrlicher Gespräche kann man auch da immer wieder zueinander finden und gemeinsam zum Glück durchstoßen.

Oft bestehen sie auch aus den Herausforderungen, die Kinder oder Eltern uns bringen. Diese Tücken können wir ebenfalls nur glücklich überstehen, wenn wir kraftvoll beieinander bleiben und für unsere starke Einheit als Paar Sorge tragen. Der Spaziergang zu zweit, der Abend beim Griechen oder die Nacht im Märchenhotel können Wunder wirken!

WAS ICH IHNEN ALS FAMILIENFRAU WÜNSCHE

Vielleicht sind Sie nicht nur Ehefrau, sondern haben sogar Familie. Wie auch immer Sie zur Familie wurden, ob ungeplant oder geplant, jetzt sind Sie es! Dann haben Sie auch diesen Auftrag! Und der wird Sie noch einige Zeit in Atem halten.

Ich wünsche Ihnen, dass Sie Oasen haben, um Ihren Alltag stemmen zu können: Malerei, Sauna, Ihren Chor, das Aquajogging, den Abend mit Ihrer Freundin. Ich kenne keine Frau, die nicht irgendwann als Mami voll an ihre Grenzen gekommen ist. Krankheiten, Sorgen, Schlafmangel aufgrund unserer Kinder gehen an keiner von uns einfach so vorbei. Das ist eben manches Mal das Tückische am Familienleben: Unerwartet werden wir gefordert! Zu Zeiten, die wir uns ganz anders vorgestellt haben! Deshalb ist es so wichtig, die eigenen Batterien immer wieder aufzuladen, damit wir dem gewachsen sind.

Ich wünsche Ihnen den Mut, um Rat zu fragen – die Freundin, die ältere Frau in der Gemeinde oder auch die qualifizierte Beraterin. Wie oft habe ich mir in den letzten 17 Jahren Anregungen und Impulse von außen geholt! Und wo wäre ich heute, wenn ich es nicht gemacht hätte?

Ich wünsche Ihnen Alltagsglück mit Ihren Kindern. Das fängt im Herzen an, in Ihrem Herzen. Das klingt ganz schlicht und ist dennoch ergreifend. Es braucht also gar keine große Aktion oder viel Geld. Deutlich wird es oft daran, wie Sie über Ihren Mann oder Ihre Kinder denken. „Verbreite Liebe in deinem eigenen Haus, denn es ist der Ort, an dem die Liebe beginnen muss" – so Mutter Teresa. Wenn Sie Kinder haben, dann haben Sie diesen Auftrag zur Verbreitung von Liebe! So können Taxifahrten, Putzstunden, Vorleseminuten, Shopping-Touren, Tischgespräche, Backaktionen und vieles andere zu guten Zeiten miteinander werden.

Ich möchte Ihnen Mut machen, alle Begegnungen zu Hause als wichtig und wertvoll zu achten. Denn Sie haben diesen Auftrag zur Liebe auch dann, wenn Sie sich im Moment eher die Augen reiben und sich fragen, wie Sie denn eigentlich in Ihre Situation mit mehreren Kindern hineingeraten sind. Vielleicht lief Ihre „Familienplanung" eher ohne Planung, spontan und unbekümmert, und jetzt haben Sie eine Großfamilie am Tisch sitzen. Oder Sie sind eine Patchwork-Familie. In jedem Fall gilt: Die Menschen, die Gott Ihnen anvertraut hat, sind immer erst einmal das Wichtigste! Dort zu Hause zwischen Klavierdeckel, Spülmaschine, dem Kaninchenstall und der gemütlichen Wohnzimmerecke gestalten Sie Ihr Familienglück. Und das hat auf jeden Auswirkungen! Nicht zuletzt auf Sie selbst und Ihre Lebenszufriedenheit.

Vor allem aber wünsche ich Ihnen, dass Sie sich Ihrer Unzufriedenheit stellen, wenn Sie merken, dass Sie „Familie" mit allem Möglichen verbinden, nur nicht mit Glück! Dann wünsche ich Ihnen, dass Sie diesen wichtigen Lebensbereich neu ernst nehmen und ihm Gewicht geben.

WAS GOTT SICH FÜR SINGLES AUSGEDACHT HAT

Ehe und Familie ist für viele, auch gerade für viele Christen, eine ganz wichtige Sache und gilt als erstrebenswert. Erstaunlicherweise gibt es dennoch nur wenige Bibelstellen dazu. Ebenso bedenkenswert ist, dass es auch einige Bibelverse für und über Singles gibt. Jesus selbst äußert sich seinen Jüngern gegenüber ein einziges Mal sehr deutlich dazu:

„Manche werden unfähig zur Ehe geboren, andere werden von Menschen dazu unfähig gemacht, und wieder andere haben sich dafür entschieden, um des Himmelreiches willen nicht zu heiraten. Wer dies begreifen kann, der handle danach" (Matthäus 19,12).

Der für unser Thema „Berufung" wichtige Satz ist: Es gibt Menschen, die sich gegen eine Heirat entschieden haben, um Gott besser dienen zu können! Was für eine krasse Aussage, was für eine Berufung!

Hier steht also nicht, dass jemand keinen Mann mehr „abgekriegt" hat und die Partnersuche deshalb irgendwann frustriert sein gelassen hat. Nein, hier steht etwas von einer persönlichen Entscheidung, die man als Mann oder Frau treffen kann. Diese Entscheidung hat mit Gott und seinem Reich zu tun.

Jesus hat so gelebt. Paulus hat auch so gelebt, und er hat es anderen ebenso empfohlen (1. Korinther 7,8). Hanna wird uns in Lukas 2 als eine Witwe vorgestellt, die intensiv mit Gott in Kontakt war. Aufgrund dieses guten Drahts zu ihrem Gott konnte sie in dem Baby Jesus den Erlöser der Welt erkennen (Lukas 2,36-38).

Diese Beispiele zeigen also, dass es gehen kann. Man kann als Single oder Witwe ein erfülltes Leben führen, weil man den ganz persönlichen Auftrag für sich gefunden und angenommen hat.

Paulus konkretisiert später im 1. Timotheusbrief noch einmal, was Witwen wichtig sein wird: „Doch eine Frau, die wirklich Witwe ist und ganz allein in dieser Welt steht, setzt ihre Hoffnung ganz auf Gott. Nacht und Tag bittet sie Gott um Hilfe und verbringt viel Zeit im Gebet" (1. Timotheus 5,5).

Hier wird ein glückliches, erfülltes Leben vorgestellt, weil Singles in einer sehr engen Gemeinschaft mit Gott leben können. Außerdem steht ihnen viel Zeit zur Verfügung, die sie gehaltvoll für andere Menschen einsetzen können. Marta, von der ich schon am Anfang des Kapitels erzählt habe, engagiert sich an unterschiedlichen Stellen für andere . Damit ist sie für ihre Mitmenschen eine echte Hilfe. Und bei ihr selbst wirkt es sich so aus, dass lähmende Einsamkeit nur selten in ihrem Leben zu fühlen ist.

Singles, die aktiv im Berufsleben stehen, haben natürlich nicht „Tag und Nacht“ Zeit zum Beten. Aber sie können bei monotonen Hausarbeiten mit Gott reden, weil sie keinen um sich haben, der ihre Aufmerksamkeit dabei beansprucht.

Natürlich gibt es außerdem noch viele alleinstehende Frauen, die sich eigentlich einen Mann und Familie wünschen und keine explizite Berufung in den Lebensstand als Single bei sich feststellen. Nur, weil man nicht verheiratet ist, heißt das nicht automatisch, dass man eine lebenslange Berufung zum Singlesein hat – vor allem, wenn man eigentlich eine ganz andere Sehnsucht in sich trägt. Die Herausforderung ist dennoch, den aktuellen Lebensstand als *momentane* Berufung anzunehmen. Ich kenne Frauen, die sich damit schwertun, weil sie befürchten, dass sie dann lebenslang allein bleiben müssen. Doch heute Ja zum Lebensstand als Single zu sagen bedeutet nicht, dass man automatisch immer Single bleiben muss oder gar „einwilligt“, dass es so bleibt. Es bedeutet lediglich, Ja zu dem zu sagen, dass das eigene Leben im Moment allein gemeistert werden muss. Dieser Schritt ist jedoch immens wichtig, denn sonst läuft man Gefahr, das Leben immer auf später zu verschieben. „Wenn ich in einer Beziehung bin, dann werde ich die Sicherheit haben ...“ – „Wenn ich erst einmal verheiratet bin, dann werde ich ...“

Lebensglück:
Gott als Single erfahren.

Für den Moment geht es also darum, dass Sie sich mit Ihrem Lebensstand als Single anfreunden, ihn annehmen und mutig und vertrauensvoll Ihr Leben leben.

WAS ICH IHNEN ALS SINGLE WÜNSCHE

Vielleicht haben Sie sich irgendwann einmal ganz bewusst dafür entschieden, allein zu bleiben. Das war nicht Ihre Notlösung, sondern ein bewusster Entschluss.

Trotzdem leiden Sie vielleicht immer wieder unter den Konsequenzen, die das Single-Leben im Alltag mit sich bringt: Einsamkeit nach dem Arbeitsalltag, alleinige Verantwortung für alles, Steuerbelastung, fehlende Unterstützung an vielen Stellen usw.

Ich wünsche Ihnen täglich neu Kraft und Entschlossenheit, Ihr Leben anzunehmen.

Ich wünsche Ihnen den Mut, immer wieder Schritte auf andere zuzugehen. Vielleicht heißt das, um Hilfe zu bitten, wenn die Hecke geschnitten werden muss. Vielleicht heißt es, jemanden zu fragen, ob man den Ostersonntag zusammen verbringen kann, oder eine enge Freundschaft aufzubauen, in der man sich nach Feierabend gegenseitig stützen kann.

Ich wünsche Ihnen aber auch einen neuen Blick für die Chancen, die Sie haben: Sie haben einen freien Kopf und viel Zeit für Gottes Reich. Sie können sich für Projekte einsetzen, die Familienleute komplett überfordern würden. Dabei denke ich an ganz unterschiedliche Möglichkeiten: Projekte innerhalb Ihrer Kirchengemeinde, aber auch Ihres Stadtteils sind denkbar. Vielleicht sind sogar überörtliche Aufgaben möglich, denn Sie können problemloser reisen, weil zu Hause keiner versorgt werden muss. Das kann Ihnen eine Menge an persönlicher Erfüllung bringen, dazu auch jede Menge abenteuerlicher Erfahrungen und Spaß an den Herausforderungen.

Sie haben besonders viele Möglichkeiten, sich zu erholen. Ihre Freizeitaktivitäten müssen Sie nicht mit anderen abstimmen. Das kann einen großen inneren Freiraum schaffen, der Kräfte freisetzt.

Es ist auch möglich, dass Sie sich nicht zu Ihrem Single-Dasein entschlossen haben. Da gab oder gibt es eigentlich noch ganz andere Wünsche in Ihrem Herzen. Sie hätten es gern anders gehabt, aber es hat sich einfach nicht ergeben, zumindest noch nicht.

Ich wünsche Ihnen den Mut, sich Ihrem Schmerz zu stellen, falls Sie das bisher noch nicht getan haben. Es tut unglaublich weh, eine Lebenszeit betrauern zu müssen, die anders lief als gedacht. So viele nicht gelebte Hoffnungen und Erwartungen werden vor Ihrem inneren Auge auftauchen. Das ist nicht leicht auszuhalten! Sicherlich brauchen Sie dann Hilfe, um das zu verarbeiten.

Ich wünsche Ihnen die Bereitschaft, Ihren unfreiwilligen Lebensstand mindestens für den Moment anzunehmen und Gott zu vertrauen, dass er es gut meint. Ich wünsche Ihnen Glauben dafür, dass Gott nur das Beste für Sie hat und ihm keine Fehler unterlaufen. Er hat Sie auch nicht übersehen oder vergessen.

Ich wünsche Ihnen erfüllende Beziehungen zu Freunden, Nachbarn, Kollegen, Gemeindegliedern und Verwandten. Vielleicht sind Sie an dieser Stelle ganz besonders beschenkt mit tollen Menschen, die zu Ihrem Leben dazugehören, Ihnen Nähe und Wertschätzung geben.

Und ich wünsche Ihnen Mut für neue Schritte. Wie kann ich Gott in meiner Lage und Position dienen? Da gibt es noch ungeahnte Möglichkeiten und Träume, die sich vielleicht verwirklichen lassen! Und in diesen steckt wahrscheinlich eine Menge Glück, von dem Sie bisher nichts ahnten.

IHR LEBENSSTAND PASST

Wir haben gemerkt: Es geht bei Berufungsfragen nicht nur um Dinge, die wir tun, sondern auch um unser privates Leben in Beziehungen. Menschen, die ganz eng zu unserem Leben gehören, sind einfach unglaublich wichtig. Sie sind Teil unserer Berufung.

Single, Ehefrau, Mutter, Witwe, Geschiedene – irgendetwas davon ist Ihr jetziger Lebensstand. Egal, wie es dazu gekommen ist, Sie können sich neu dazu entschließen, ihn anzunehmen. Das geschieht tief innen im Herzen. Sie werden dann leichter seine Tücken akzeptieren und sein Glück genießen können.

Im Herzen nachspüren: Habe ich meinen Lebensstand angenommen?

Erst wenn dieses innere Annehmen der Berufung geschieht, sind wir auch in der Lage, unsere jeweilige Situation glücklich und erfüllt zu leben. Nein, keine Angst, ich komme jetzt nicht mit dem Lob der glücklichen Hausfrau, die schön bei Mann und Kind bleibt und allen alles mundgerecht fertig macht! Ich weiß sehr wohl, dass viele Frauen das allein nicht ausfüllt und dass sich viele heute auch gar nicht leisten können, so zu leben.

Mir geht es einfach darum, den Menschen, die zu unserem Lebensstand gehören, eine neue Wichtigkeit zu geben. Das wird Ihnen und Ihren Leuten richtig guttun!

Es gibt im Grunde nur ein Problem in der Welt …
Wie bricht man durch? Wie kommt man ins Freie?
Wie sprengt man die Puppe und wird zum Schmetterling?

Thomas Mann[16]

Kapitel 6

LEBEN MIT GANZER KRAFT: FÜR DAS, WAS DU EINZIGARTIG KANNST

BERUFUNG BRAUCHT VISION, MUT UND EINSATZ.

Von den Lebenswegen anderer lernen und Chancen nutzen, um sich persönlich auszutesten. Sich fragen: Passt die Aufgabe zu meinem Lebensstand, meiner Gesundheit, meinen Finanzen? Konkrete Schritte gehen, wenn der Beruf oder die ehrenamtliche Berufung klarer ist. Und dann: losfliegen!

ZURÜCK ZU IHRER SPURENSUCHE

In Kapitel drei haben wir danach gefragt, welche Spuren unseres Lebens einen besseren Blick auf unsere wirklichen Begabungen ermöglichen. Ich habe Ihnen verschiedene Möglichkeiten vorgestellt, wie man sich selbst klarer einschätzen kann. So sind Sie vielleicht zu einigen wichtigen Selbsterkenntnissen gelangt, die Ihre Neigungen und Fähigkeiten betreffen.

Anschließend ging es darum, ob und wie Gott ganz positiv „reinredet", wenn wir nach unserer Berufung fragen. Es ist wichtig, dass wir uns damit beschäftigen, Gottes Reden wahrzunehmen, und Erfahrungen damit machen.

Und nun scheint es irgendwie ernst zu werden! Es geht darum, wirklich konkret zu werden, Entscheidungen zu treffen, Hürden zu überwinden, Aufgaben anzupacken. Berufung leben heißt: Altes mit neuer Kraft angehen oder Neues ganz entschieden starten! Das alles soll nur aus dem einen Grund passieren: damit Sie das leben, was Sie können und Ihnen wichtig ist.

Berufung leben heißt: Altes mit neuer Kraft angehen oder Neues ganz entschieden starten!

Ich stelle Ihnen jetzt unterschiedliche Berufungsgeschichten vor. Es handelt sich um Frauen, die nach dem passenden Beruf gefragt haben. Anschließend geht es um Frauen, die das passende Ehrenamt suchten. Vielleicht finden Sie sich irgendwo wieder? Es wäre wunderbar, wenn diese Geschichten Sie inspirieren würden.

BERUFUNG FÜR EINEN BERUF

Anne ist Ärztin. Sie ist es aus Leidenschaft. Schon als Jugendliche interessiert sie sich sehr für Medizin und entscheidet sich deshalb auch für das Studium. Die anschließende Berufspraxis gibt ihr viel Zufriedenheit, Erfüllung und Erfolg.

Mit 39 Lebensjahren verliebt sie sich unerwartet. Das stellt ihr Leben komplett auf den Kopf. Einige Zeit später findet sie sich verheiratet und mit einer süßen Tochter beschenkt vor neue Herausforderungen gestellt: nämlich ihre berufliche Leidenschaft neu überdenken zu müssen. „Ist das immer noch meine Berufung? Ist sie es geblieben, auch mit der Familie, die ich nun habe?“

Anne spürt deutlich, dass es so ist. Sie liebt es, Hausärztin zu sein. Sie geht darin auf, sich medizinisch um Menschen zu kümmern. Mit den Jahren sind gute Beziehungen zwischen ihr und den Patienten entstanden. Sie weiß, wie wichtig gerade dieses Vertrauensverhältnis für eine gelingende Arbeit als Hausärztin ist. Diese Beziehungen möchte sie nicht einfach abbrechen. Sie empfindet an dieser Stelle Verantwortung.

Außerdem spürt sie, dass sie eine unzufriedene, selbstmitleidige Mutter werden könnte, wenn sie jetzt mehr Zeit auf dem Spielplatz als in der Praxis verbringt. So kommt sie – schon fast in der Lebensmitte – zu der Entscheidung, dass sie nach wie vor ihrer alten Berufung nachgehen wird.

Es ist klar, dass Anne mit ihrem Mann genau überlegen muss, wie das mit der Kinderbetreuung laufen soll. Da sie in den ersten Jahren keinen Krippenplatz wollen, geht es nur mithilfe eines Kindermädchens, das sie für die kleine Emily einstellen. Außerdem beeinflusst ihre Entscheidung auch ihr gesamtes Privatleben: Freundschaften und Ehrenämter werden in den ersten Jahren als Familie nur auf Sparflamme laufen können. Denn der normale Alltag mit Beruf und Kind wird beide Partner sehr fordern. Für vieles andere wird dann kein Platz mehr sein. Vielleicht ändert sich das noch einmal, wenn Emily aus dem Gröbsten raus ist? Bis dahin aber fordert Annes Berufung als Ärztin und Mutter fast ihre gesamten Kräfte.

Finanziell werden sie sich gut stehen. Das ist aber nicht Annes Hauptmotivation. Allerdings hilft es, Haushalt und Kinderbetreuung ohne Sorgen organisieren zu können.

Annes Gesundheit ist stabil. Sie kann ihre Aufgabe also ohne Bedenken wagen. Dass es anstrengend wird, mit Kind voll berufstätig zu sein, ist ihr klar. Aber ihre Berufung ist ihr das wert.

BERUFUNG FÜR EINE AUFGABE IM REICH GOTTES[17]

(ALS THEOLOGIN, REFERENTIN, PASTORENFRAU, DIAKONISSE, HEIMLEITERIN, SEELSORGERIN ODER BERATERIN, MISSIONARIN ...)

Marie sammelt ihre ersten Berufserfahrungen als Schneiderin. Nach der Ausbildung und einem anschließenden Haushaltungsjahr in einem Diakonissenhaus kann sie sogar eine Anstellung in ihrem Heimatort finden. Glücklich ist sie damit aber nicht. In ihr lebt mittlerweile ein ganz anderer Wunsch: Sie will eigentlich Krankenschwester werden! Was nun? Wie soll ihr Leben weitergehen?

Gott beantwortet ihre Zukunftsfragen recht drastisch, indem ihr Vertrag als Schneiderin einfach nicht verlängert wird. Für eine andere Frau wäre das vielleicht ein Grund zur Verzweiflung. Wozu sind die ganzen vergangenen Lehrjahre zur Schneiderin gut gewesen? Marie aber kann diesen Umstand schnell als Reden Gottes erkennen; Gott will ihr einen anderen Weg ermöglichen.

Sie kehrt zurück in das Diakonissenhaus, das sie vom Haushaltungsjahr kennt, und beginnt dort als Schwesternschülerin. Umgehend erlebt sie, dass genau das die Arbeit ist, die ihr ausgesprochen gut liegt. Anderen Menschen Gutes zu tun ist einfach eine ihrer Hauptgaben. Die kann sie dort in vollen Zügen ausleben. Sie verspürt kein Interesse, sich in Richtung Indien oder Afrika zu orientieren, sondern will Gott auf besondere Weise in Deutschland dienen.

Gott bestätigt ihre Entscheidung zu der zweiten Ausbildung, indem sie angefragt wird, ob sie als Diakonisse in der Schwesternschaft weiterarbeiten wolle. Ein Bibelwort aus der Berufungsgeschichte der Jünger von Jesus rundet ihren Berufungsweg ab: „Sie ließen alles zurück und folgten Jesus nach" (Lukas 5,11). Ja, dazu ist sie bereit. Sie ist bereit, Gott dort im Diakonissenhaus nachzufolgen und alles andere hinter sich zu lassen. So wird aus der Schneiderin Marie eine waschechte Diakonisse.

Entspricht die alte Aufgabe noch Ihrer Berufung oder stehen Sie vor tief greifenden Entscheidungen?

Marie lebt als Single. Sie hat die Bereitschaft, für ihre besondere Arbeit auf Familie zu verzichten. Und das nicht mit einem selbstmitleidigen Blick, wenn sie jungen Frauen mit Kinderwagen begegnet, sondern von ganzem Herzen. Sie hat den Eindruck, dass sie auf diese Weise mehr Zeit und Kraft für die kranken Menschen übrig hat. Genau diese Menschen lagen ihr schon früh am Herzen. Deshalb wagt sie einen ungewöhnlichen Lebensweg.

Da sie nur für sich allein sorgen muss, ist es für sie in Ordnung, mit dem Taschengeld einer Diakonisse auszukommen. Gesundheitlich hat sie keine Probleme und kann mit vollem Einsatz als Schwester arbeiten.

BERUFUNG FÜR EINEN NEUEN BERUF

Anke ist Krankenschwester. Sie füllt diesen Beruf sehr gut aus, denn ihr liegt es, sich um andere Menschen zu kümmern. Sie hat einfach ein sehr diakonisches Herz. Schnell bekommt sie Kontakt zu den Patienten und genießt deshalb auch die Zuneigung von vielen. Die pflegerische Arbeit macht ihr Freude; sie hat auch die Kraft dazu, diese über viele Jahre zu tun.

Irgendwann aber bemerkt sie, dass die immer stärker reglementierten Abläufe auf der Station sie sehr stören und einschränken. Es ist unglaublich viel Verwaltungsarbeit zu leisten. So, wie es jetzt ist, will sie eigentlich nicht im Krankenhaus arbeiten: Immer mehr Patienten sollen in gleicher Zeit und von der gleichen Anzahl an Pflegepersonal versorgt werden. Dadurch entsteht ganz viel Hetze. Anke hat das Gefühl, ihren Aufgaben nicht mehr gerecht zu werden. Sie fühlt sich sehr unzufrieden. Und den Patienten gegenüber hat sie fast ein schlechtes Gewissen, dass sie bei acht Stunden Arbeit nur eine Stunde Zeit für sie hat. Auch die Nachtdienste sind sehr anstrengend und fordernd. Dazu kommt, dass sie sich zu Hause aufgrund der familiären Situation nicht richtig ausschlafen kann. Diese verschiedenen Erfahrungen machen sie nachdenklich.

Anke fühlt sich nicht übermäßig an ihren ersten Beruf gebunden, obwohl sie ihre Ausbildung bewusst begonnen und als Berufung erlebt hat. Sie hat die Einstellung: „Wenn es nicht mehr passt, bin ich auf jeden Fall offen für neue Ideen. Jetzt heißt es, meinen guten Gott zu fragen, was dran ist." Sie ist sich auch anderer Gaben bewusst, die genauso in ihr leben wie die diakonische Begabung. Anke hat großes organisatorisches Talent, ist tatkräftig und musikalisch. Ganz locker denkt sie darüber nach, was vielleicht noch als Beruf für sie möglich wäre.

Privat arbeitet sie ehrenamtlich in einer dynamischen Kirchengemeinde mit. Die Arbeit dort liegt ihr seit Jahren am Herzen. Sie erfährt, dass dort eine Teilzeitstelle im Bereich Haus/Garten frei wird. Das klingt interessant; hier würden viele ihrer Gaben gebraucht. Außerdem wäre sie noch stärker mit der Gemeinde verbunden. Sie stellt sich vor, wie sie zwischendurch Leute trifft, während sie auf dem Grundstück beschäftigt ist oder im Garten werkelt. So könnte sie die Kontakte vertiefen, die ihr ohnehin schon wichtig sind. Außerdem würde der Stress auf der Station wegfallen. Sie wäre ja in gewisser Weise auch ein wenig selbst verantwortlich, wie sie sich manches einteilt. Allerdings hat diese Stelle den Nachteil, dass sie nur als Teilzeitarbeit angelegt ist. Aber auch das fordert Anke eigentlich in positiver Weise heraus. Sie hätte also noch die Zeit, etwas anderes zu tun.

Von den Finanzen her müsste sie allerdings wirklich noch etwas Weiteres finden, denn sie ist verheiratet und hat zwei fast erwachsene Kinder. Ihr Mann verdient auch, aber nicht sehr viel.

Tatsächlich taucht unerwartet eine zweite Aufgabe auf, die auf Anke wie maßgeschneidert passt: Ein Freund der Familie hat eine Firma, in der vieles läuft, vieles aber auch nicht. Anke mit ihrem organisatorischen Talent hat Ideen, wie einige Betriebsabläufe verbessert werden könnten. Ihr Freund springt tatsächlich darauf an und so bekommt Anke noch eine kleine Stelle, die es vorher gar nicht gab.

Beide Arbeitsstellen sind für sie eine Gebetserhörung. Dankbar und engagiert arbeitet sie sich ein. So wird aus der Krankenschwester Anke eine Organisatorin und Hausmeisterin.

Sie werden sich finanziell etwas schlechter stehen als früher. Das ist für Anke und ihren Mann aber von Anfang an kein Problem. Schon immer hatten sie pfiffige Ideen, wie man Geld sparen kann – z.B. indem man alte Autos lange fährt, viele Dinge repariert und wieder verwendet, auch ohne Luxus glücklich lebt. Von daher haben beide Ehepartner kein Problem damit, dass Anke wechseln will. Geld ist für ihre Berufungsentscheidung kein so wichtiges Thema.

Wenn Sie beruflich umsatteln wollen, dann testen Sie sich gründlich aus.

Von ihrer Gesundheit her wird sie beide Arbeiten gut schaffen. Da die Nachtdienste wegfallen, wird sie sich sogar erholter fühlen und wesentlich zufriedener sein als früher. Insgesamt wird sie mehr Zeit haben. Auf diese neue Lebensqualität freut sie sich schon im Voraus!

Ankes Mann ist gern bereit, sich zu Hause mit einzusetzen, damit für die Teenies ein Ansprechpartner da ist. Von daher wird es auch für die Familie die richtige Entscheidung sein, wenn Anke wechselt.

BERUFUNG FÜR EINEN ERWEITERTEN BERUF

Simone beginnt mit 16 ihre Ausbildung als Bankerin. Anschließend kann sie bis zur Familienpause in ihrem Beruf arbeiten. Als ihre Kinder noch klein sind, beschäftigt sie sich zum ersten Mal eingehend mit der Frage nach einer Lebensberufung. Die ist vorher nicht in ihrem Blickfeld gewesen. Jetzt aber hinterfragt sie ihre erste Berufsentscheidung. Sie sehnt sich nach Gottes Rat für ihr Leben. Auch das ist ihr vorher nicht so wichtig gewesen.

Nach einigem Nachdenken merkt sie schließlich, dass sie ihren Beruf gern erweitern möchte. Sie will studieren, um später eine Art Schuldnerberatung anbieten zu können. So könnte sie ihr Fachwissen mit intensivem Kontakt zu Menschen verbinden. Das erscheint ihr sehr sinnvoll und wichtig. Außerdem ist ihr der Beruf als Bankerin zu uninteressant, um darin alt zu werden.

Als ihr klar ist, was sie später beruflich tun will, überlegen sie als Ehepaar, wie der Weg dahin aussehen kann. Simone will keine Zeit verlieren, deshalb entschließt sie sich, dass sie ihr Studium sofort aufnimmt, auch wenn die Kinder noch kleiner sind.

Für die Familie hat Simones Berufswunsch erhebliche Konsequenzen: Es muss gut geplant werden, damit Simone an zwei Tagen pro Woche die nächstgelegene Universität aufsuchen kann. Ihr Mann Dennis will sich bewusst zu Hause einbringen. Er kann sich einen freien Tag pro Woche einrichten, dafür muss er ab sofort samstags arbeiten. An dem freien Tag kümmert er sich um Kinder und Küche. Einige Freundinnen unterstützen Simone, indem sie die Kinder am zweiten Studientag nach der Schule mit zu sich nach Hause nehmen. Simone selbst muss sich einige Abende zum Lernen freihalten und in diesen Jahren manches an Privatleben zurückstellen. Außerdem kann sie einige Zeit nichts zum Familienunterhalt beitragen. Da sie aber später mehr verdienen wird, ist das für Dennis und Simone völlig in Ordnung. Sie sind bereit, sich erst einmal an einigen Stellen einzuschränken. Große Reisen, die neue Sofagarnitur und die Renovierung des Badezimmers werden also zurückgestellt.

Da Simones Gesundheit stabil ist, hat sie keine Bedenken davor, sich einige Jahre lang ein wenig mehr zuzumuten. Sie hat ihr Ziel vor Augen und freut sich darauf, später als Schuldnerberaterin vielen Menschen eine Hilfe sein zu können.

FLIEGEN SIE LOS!

Sie haben nun Simone und Marie sowie all die anderen ein wenig kennengelernt. Jetzt soll es um Sie persönlich gehen!

Vielleicht erleben Sie sich so wie die meisten der genannten Frauen: Es sind bereits einige Lebensentscheidungen getroffen, Sie haben vielleicht schon Berufserfahrung gesammelt. Sie fangen also nicht bei Null an. Umso wichtiger kann es sein, das, was Sie jetzt anstreben wollen, gründlich auszutesten.

Dazu gehört sicher, sich alle möglichen Informationen zu beschaffen, aber es gibt viele weitere Möglichkeiten. Machen Sie Praktika, nutzen Sie Schnuppertage, wagen Sie erste Experimente, wenn Sie wirklich herausfinden wollen, ob eine Aufgabe zu Ihnen passt. Das kostet viel Mut und Kraft, aber ich glaube, dass Sie die haben! Denn wenn in Ihnen der richtig große Wunsch lebt, doch noch ein Café zu eröffnen oder eine Zusatzausbildung in Sterbebegleitung zu beginnen oder Ergotherapeutin zu werden, dann geben Sie diesem Wunsch konkrete Flügel! Fliegen Sie los! Unabhängig davon, was die Nachbarn und die lieben Verwandten denken. Es geht um Ihren Weg und um Ihr Ding!

Ja, es kann sein, dass sich dann in sechs Wochen ein Traum ausgeträumt hat. Sie merken vielleicht, dass Ihr großer Wunsch doch nicht zu Ihnen passt. Oder dass die Verwirklichung aufgrund der Ihnen zur Verfügung stehenden Ressourcen unrealistisch ist. Das kann sein. Es kann aber auch sein, dass Sie umso gewisser weitermachen wollen, weil Sie Bestätigung erlebt haben. Vielleicht haben Sie eine große innere Freude und Erfüllung verspürt, die Sie tief glücklich gemacht hat – trotz aller Anstrengungen. Dann sind Sie auf dem richtigen Weg! Jetzt können Sie weitere Schritte planen.

DREI WICHTIGE BEREICHE

In den Berufungsgeschichten wurde bereits deutlich, dass man drei Bereiche ganz genau unter die Lupe nehmen sollte, wenn man überlegt, eine neue Lebensaufgabe zu beginnen:

Passt meine Berufung
- a) zu meinem Lebensstand,
- b) zu meinen/unseren Finanzen und
- c) zu meiner Gesundheit?

Besonders wenn noch andere Menschen zu Ihrem Leben dazugehören, ist es wichtig, diese Bereiche genau anzusehen und sich den entsprechenden Fragen zu stellen. Lösungen gibt es sicher viele, aber wenn unser Ehepartner von der Entscheidung mitbetroffen sein wird, dann sollte er auch früh in alles miteinbezogen werden.

Wenn ich eine Einladung zu einem Referat am Wochenende annehme, dann heißt das für meinen Mann, dass er eventuell kein Auto hat, dass er mit mir weder zum Frühstücken gehen noch gemeinsam im Garten werkeln kann, dass er allein Ansprechpartner für unsere Teens ist und dass er wahrscheinlich mit Kochen „dran" ist. Würde mein Mann meine Berufung nicht unterstützen, dann hätte er wohl generell nicht die Bereitschaft dazu und wir hätten eine Menge Streit um manches Wochenende.

> Passt meine Berufung zu meinem Lebensstand, den Finanzen und meiner Gesundheit?

Simone und ihr Mann mussten auch einige Einschränkungen in Kauf nehmen, um ihre Weiterbildung zur Schuldnerberaterin zu verwirklichen. Die betrafen ihren Geldbeutel, ihre Zeit, ihre Wochenendgestaltung und ihre Freizeitaktivitäten. Sie standen aber beide hinter Simones Plänen und deshalb waren sie bereit, sich für eine bestimmte Zeit ihres Lebens damit zu arrangieren.

Die aufkommenden Fragen werden also mitunter nicht leicht und positiv zu beantworten sein. Vielleicht kostet Sie Ihr Weg eine ganze Menge. Aber wenn es wirklich Ihr Weg ist, wird er Ihnen und vielen anderen Menschen auch ganz viel bringen. Dazu mehr im letzten Kapitel.

Vielleicht sind diese ganzen Fragen für Ihr Leben sogar aufgrund von Arbeitslosigkeit wichtig geworden. Sie wurden also sozusagen vom Leben dazu herausgefordert, sich neu zu orientieren. Das kann Ihre reguläre Berufstätigkeit betreffen oder auch den erhofften beruflichen Wiedereinstieg nach der Elternzeit. Deshalb hier noch das Beispiel von Ronja:

Ronja hat früher im Schichtdienst einer Fabrik gearbeitet und heute eine sechsköpfige Familie zu versorgen. Nun ist der Nachzügler aus dem Gröbsten heraus und sie möchte beruflich wieder einsteigen. Allerdings zu familienfreundlichen Konditionen, das heißt, sie möchte u.a. keine Nachtdienste übernehmen.

Bei diversen Vorstellungsgesprächen erfährt sie, dass sie unter diesen Umständen keine Chance hat, wieder in der alten Firma zu arbeiten. Sie empfindet sich als arbeitslos in ihrem alten Beruf. Nun wägt sie vieles ab: Könnte ich in der Lebensmitte noch eine andere Ausbildung oder ein Studium wagen? Immerhin liegen noch gut zwanzig Jahre bis zur Rente vor mir! Oder sollte ich mich lieber ehrenamtlich einbringen? Aufgrund ihrer vielfältigen Begabungen wäre auch da vieles denkbar.

Es ist beeindruckend, dass Ronja sich nicht hängen lässt, sondern aktiv ist. Sie geht fest davon aus, dass sie gebraucht wird, obwohl die bekannten Türen sich im Moment nicht öffnen. Im Gespräch mit ihrem Mann will sie in der nächsten Zeit klären, was sie sich denn finanziell zumuten können – ob sie auf jeden Fall dazuverdienen muss oder ob sie sogar noch studieren kann.

BERUFUNG FÜR EIN EHRENAMT

Bisher ging es in diesem Kapitel um Berufsentscheidungen. Aber es kann auch um Ehrenämter gehen, wenn wir nach unserer Berufung fragen. Vielleicht sind Sie aus bestimmten Gründen nicht berufstätig – weil Sie kleine

Kinder haben, es finanziell nicht nötig ist, Sie es gesundheitlich nicht schaffen oder weil Sie Ihre Arbeit verloren haben. Dennoch suchen Sie genauso engagiert nach Ihrer Lebensaufgabe wie die Frauen, die wir eben kennengelernt haben. Auch hier einige Berufungsgeschichten zum Lesen. Vielleicht können Sie irgendwo „andocken" und sich wiederfinden?

BERUFUNG FÜR EIN NEUES EHRENAMT

Gabi hat künstlerische Fähigkeiten und hat sich bisher damit eingebracht: Sie kann gut basteln, auch zusammen mit anderen. Deshalb engagiert sie sich im Kindergottesdienst ihrer Kirchengemeinde. Irgendwann wird sie angesprochen, ob sie sich vorstellen könne, ins Team für die Gottesdienstleitung einzusteigen. Eigentlich liegt das außerhalb ihrer bisherigen Pläne und Ideen. Sie hat keine Erfahrungen damit und wäre von allein nie auf den Gedanken gekommen, es zu versuchen. Offensichtlich traut man es ihr aber zu. Zunächst nimmt sie sich einige Wochen zum Beten und Nachdenken. Außerdem beobachtet sie während dieser Zeit die Gottesdienstmoderatoren bei ihrer Aufgabe. Nach einiger Zeit entschließt sie sich, eine Schulung in diesem Bereich mitzumachen, damit sie sich mit den Basics der Gottesdienstleitung vertraut machen kann.

Im persönlichen Gespräch mit Gott fühlt sie sich eher dazu motiviert, weitere Schritte nach vorn zu wagen, statt sich zurückzuziehen. Deshalb gibt sie einer leitenden Mitarbeiterin das Signal, dass sie es ausprobieren möchte. Zunächst werden sie gemeinsam einen Gottesdienst vorbereiten. Gabi wird dann zwei oder drei kleine Teile übernehmen; eine Gottesdienstmoderatorin, die schon viel Erfahrung hat, wird den Rest ergänzen.

So tastet sich Gabi Schritt für Schritt an die neue Aufgabe heran. Sie ist offen dafür, sich weiterzuentwickeln. Genauso ist sie auch offen dafür, die Gottesdienstleitung fallen zu lassen, wenn die Aufgabe doch nicht zu ihr passen sollte.

Gabi hat die Freiheit, sich eine neue Aufgabe zuzumuten. Ihre Kinder sind flügge, von daher ist Zeit vorhanden. Ja, es wäre sogar schön, wenn sie bei den Treffen mit ihren Kindern erzählen könnte, was sie in der Gemeinde Spannendes gewagt hat.

Gesundheitlich geht es ihr nicht unbedingt gut, aber sie kommt mit ihren Einschränkungen zurecht. Sie würden ihr bei der Gottesdienstleitung auch nicht im Weg stehen, eher im Gegenteil: Die Ablenkung von den eigenen Beschwerden wäre sogar positiv für sie.

Ein weiteres Beispiel:

Julia hat zwei Söhne, die beide auf dem Gymnasium sind. Sie geht als Ergotherapeutin einer kleinen Berufstätigkeit nach, allerdings nur mit wenigen Stunden in der Woche. Ehrenamtlich hat sie sich auch immer irgendwie eingesetzt, mal in der Kirchengemeinde, mal im Sportverein ihrer Jungs. Bedingt durch eine schwierige Klassensituation bei ihrem Ältesten fragt sie sich, ob sie ihre anderen Ehrenämter für eine Weile auf Eis legen sollte, um sich in der Schule einzubringen. Sie ist bereits mehrfach vorgeschlagen worden, sich als Elternvertreterin wählen zu lassen, hat bisher aber immer abgelehnt. Mittlerweile hat sie den Eindruck, es sei ihre Verantwortung als Christin, sich mit ihren Fähigkeiten auch in der Schule einzusetzen. Damit würde sie nicht nur ihren Sohn unterstützen, sondern ihre Gaben für eine Weile sozusagen ihrem Stadtteil zur Verfügung zu stellen. Sie sagt sich: Beten für die Schule ist gut, mitarbeiten und gestalten aber ebenso wichtig! So entschließt sie sich dazu, sich zur Wahl zu stellen.

Da sie andere Aufgaben für diesen Zeitraum abgeben wird, kann sie sich die Aufgabe der Elternvertreterin auf jeden Fall zumuten.

BERUFUNG, EINEN ANDEREN MENSCHEN ZU BEGLEITEN

Inge wohnt im gleichen Stadtteil wie Elisabeth, außerdem gehören sie zur gleichen Kirchengemeinde. Seit Jahren besuchen sie sich und feiern zusammen – und das nicht nur an Geburtstagen. Irgendwann wird die alleinstehende Elisabeth ernsthaft chronisch krank. Inge dagegen ist fit. Sie hat Kraft, sie hat Zeit. Schnell wird ihr klar: Elisabeth ist „mein" Nächster! Deshalb erklärt sie sich bereit, ihre langjährige Freundin zu begleiten.

Sie ist da, wenn Elisabeth vom Arzt kommt und sich sehr schwach fühlt. Sie bereitet kleine Mahlzeiten vor, die Elisabeth abends essen kann, wenn sie Hunger bekommt. Sie gießt die Blumen, holt die Post aus dem Kasten, geht für Elisabeth ans Telefon. Sie macht all die Dinge, die Elisabeth gern selbst übernehmen würde, aber häufig nicht mehr tun kann. Natürlich weiß Inge nicht, wie lange das alles gehen wird. Keiner kann ihr das sagen. Aber als es mit Elisabeth bergab geht, spürt sie ganz deutlich in ihrem Herzen, dass das jetzt ihre Aufgabe ist.

Manche Hilfestellung für Elisabeth kann man planen und in den eigenen Wochenablauf einbauen. Anderes muss spontan geschehen. So besucht sie Elisabeth bei unerwarteten Aufenthalten regelmäßig im Krankenhaus. Wie gut, dass jemand da ist, der die Wäsche bringt und die wenigen kleinen Wünsche erfüllen kann! Es werden dann einige Jahre, in denen sie für Elisabeth eine barmherzige Samariterin sein kann – zusammen mit anderen Frauen, denn irgendwann wird es für Inge allein zu viel.

Inge ist verheiratet, aber kinderlos. Von daher hat sie mehr Zeit als manche andere, um sich intensiv um einen Menschen kümmern zu können. Ihr Mann duldet nicht nur ihre Aufgabe, er unterstützt sie sogar, indem er sich um Elisabeths Finanzen kümmert. Inge ist nicht mehr die Jüngste, aber sie hat eine stabile Gesundheit. Die Aufgabe fordert von ihr viel Zeit und sie kommt mitunter auch an die Grenzen ihrer Kraft. Dennoch begleitet sie Elisabeth bis zu ihrem Lebensende. Inges letzte Aufgabe ist es, einige Erinnerungsstücke von Elisabeth an die Menschen zu verteilen, denen sie zugedacht sind. Außerdem muss sie ihre Freundin innerlich loslassen. Damit ist diese Berufung für sie beendet. Was wohl als Nächstes auf sie wartet?

BERUFUNG FÜR EINE EINZIGARTIGE BEGABUNG UNTER VIELEN BEGABUNGEN

Pia hat eine halbe Stelle im pflegerischen Bereich, was ihren Begabungen entspricht. Daneben engagiert sie sich sehr eifrig in ihrer Kirchengemeinde. Da sie vielfältig begabt ist, bringt sie sehr viel von ihrer Zeit ein: Sie ist für den Bereich Seelsorge verantwortlich, geht zum Gebetskreis, arbeitet bei Projekten wie zum Beispiel Frauenfrühstücken mit, und wenn es noch weitere spannende Angebote gibt, wie einen Projektchor, ist Pia ebenfalls dabei. Bei ihren vielen Aufgaben kann manch anderer schon schwindelig werden!

> Es geht dem Herzen nach: Das schlägt für einen Menschen, eine Aufgabe, ein Projekt, eine Gruppe, eine Idee.

Doch irgendwann geht gar nichts mehr! Pia ist nur noch am Rotieren und hetzt von einer Aktion zur nächsten. Außerdem hat sie zu Hause eine mehrköpfige Familie, die gern mehr als nur die Rücklichter von ihr sehen möchte. Sie weiß, dass es so nicht weitergehen kann. Deshalb stellt sie sich ihrer Lage und denkt mit ihrer Mentorin zusammen darüber nach, wie wieder mehr Ruhe in ihren Alltag einkehren kann.

Es wird klar, dass Pia reduzieren muss! Das fällt ihr richtig schwer, denn sie liebt all ihre Aufgaben und Aktivitäten. Doch in einer Einkehrzeit wird ihr deutlich, dass sie sich auf das konzentrieren soll, was sie von Gott als Hauptbegabung bekommen hat: die Seelsorge. Sie will dieser Hauptbegabung nun mehr Gewicht geben. Das kann sie nur, indem sie sich rigoros von vielen Aufgaben und Aktionen trennt. Gebetskreis und Frauenfrühstück werden in Zukunft ohne sie laufen müssen.

Natürlich fragen andere nach, wieso Pia plötzlich dies und jenes nicht mehr machen will, wo sie doch früher immer ... Aber Pia weiß, warum sie es so machen will. Sie hat von Gott mehrfach ganz deutlich gezeigt bekommen, was er mit ihr als Seelsorgerin vorhat. Dem räumt sie jetzt ganz entschieden Zeit und Kraft ein. Trotzdem ist es herausfordernd, diesen neuen Alltag konsequent durchzuhalten. Denn nur wenige Wochen später hört sie wieder von einem Projekt, für das sie sich richtig begeistern könnte ... Aber sie bleibt entschieden und macht nicht mit.

Was hat Pia durch die Rotstiftaktion, bei der sie vieles gestrichen hat, gewonnen? Sie hat nun die nötige Ruhe, um zu bestimmten Zeiten Fachbücher zu lesen, weil sie sich in Sachen Seelsorge weiterbilden will. Sie plant langfristig einen kleinen Ausbildungsabschluss auf diesem Gebiet. Außerdem kann sie sich den wenigen ihr anvertrauten Menschen mit Eifer und Konzentration widmen. Sie ist viel mehr bei der Sache als noch vor einigen Monaten. Ihre Familie freut sich, dass sie wieder ausgeglichener ist. Und sie selbst? Sie ist begeistert, dass sie von Gott eine so schöne Berufung bekommen hat.

Pia hat vier Kinder. Auch wenn der Jüngste nun bereits im Gymnasium ist, gibt es eine Menge im Haushalt zu tun. Da Pia vielfältig begabt ist, akzeptiert die Familie es, dass die Mutter beruflich und ehrenamtlich engagiert ist – und dass die Aufgaben auf alle verteilt werden. Beispielsweise gibt es einen Putzvormittag, an dem alle Familienmitglieder die Wohnung gemeinsam in Schuss halten. Für Pias Familie ist es andererseits eine Erleichterung, dass sie einige ehrenamtliche Dinge reduziert. Dadurch ist sie nicht so gestresst, was sich wohltuend auf das Familienklima auswirkt.

Pias Gesundheit ist stabil. Sie wäre also möglicherweise in der Lage, noch mehr zu tun. Aber sie spürt in ihrem Herzen, dass das schnell kippen könnte. Sie will sich nicht so überfordern, dass sie vielleicht im Burnout landet. Deshalb hat sie Konsequenzen gezogen. Der Austausch mit ihrer Mentorin war ihr dabei eine große Hilfe, weil sie selbst sich für vieles begeistern kann.

SIE WERDEN GEBRAUCHT!

Inge begleitete einen Menschen ihres Freundeskreises über eine lange Zeit, weil die Aufgabe sozusagen vor ihren Füßen lag. Julia dagegen ist dabei, etwas ganz Neues auszuprobieren, nämlich die Elternarbeit in der Schule.

Und Sie? Mit Ihren ganz persönlichen Begabungen leben Sie in Ihrer Stadt oder Ihrem Dorf. Dort werden Sie gebraucht! Ganz individuell!

Vielleicht ist es auch bei Ihnen wie bei Pia dran, zu reduzieren, damit Sie umso kraftvoller Ihre eine Berufung leben können. Oder Sie spüren, dass Sie wie Gabi den Schritt raus aus der Komfortzone hinein in eine neue Aufgabe tun sollten. Dann wagen Sie sich mit Gottes Hilfe heran! Es geht immer Ihrem Herzen nach! Das schlägt ja für irgendeinen Menschen, eine Aufgabe, ein Projekt, eine Idee, eine Gruppe! Lassen Sie Ihre Sehnsucht und Ihre guten Gedanken konkret werden und entscheiden Sie sich für Ihr Ding! Natürlich muss nicht jede Entscheidung eine Entscheidung bis zum Lebensende sein – darum wird es auch im nächsten Kapitel noch gehen.

Vielleicht ist es so, dass Sie selbst durch Ihren Mut und Ihre Bereitschaft, sich für eine Sache zu engagieren, beflügelt werden! Sie werden sicherlich eine Menge spannender Erfahrungen machen, die Ihnen selbst Glück und Zufriedenheit schenken. Und den anderen? Denen schenken Sie durch Ihre Begabung ein fühlbares Stück von Gottes Liebe.

ZWEI WICHTIGE BEREICHE

Pias Geschichte zeigt besonders, dass auch Frauen in Ehrenämtern nicht einfach lospreschen sollten. Es ist gut, sich auch hier zumindest zwei der drei wichtigen Bereiche anzusehen:

Passt die Berufung

a) zu meinem Lebensstand und
b) zu meiner Gesundheit?

Möglicherweise ist es – wie bei Berufsentscheidungen – so, dass diese Fragen nicht einfach und positiv zu beantworten sind. Dennoch muss das Ihre Berufung nicht einschränken. Fragen Sie einmal Pias Familie, wie die es findet, samstags die Putztücher zu schwingen. Natürlich können sich ihre Lieben auch schönere Unternehmungen vorstellen. Aber sie tragen die Berufung der Ehefrau und Mutter mit.

IRGENDETWAS KÖNNEN SIE EINZIGARTIG

Pia kann Menschen in ihren Lebensfragen beraten. Julia ist fähig dazu, Elternabende mitzuleiten. Und Sie? Sie können auch irgendetwas, oder sogar vieles, ganz einzigartig. Gott hat diese Fähigkeiten in Sie hineingelegt, damit Sie dafür mit ganzer Kraft leben – das, was Ihnen wichtig ist! Das, wofür Ihr Herz schlägt und Sie sich begeistern können! Das, wozu er Sie lockt oder sogar deutlich ruft!

> Vielleicht müssen Sie alte Träume begraben und neue Visionen ausgraben.

Vielleicht sind auf diesem Weg tiefgreifende Entscheidungen nötig: Sie müssen ein Studium beginnen oder beenden, sich bewerben, sich von einer alten Aufgabe trennen, neue Prioritäten setzen. Vielleicht müssen Sie sogar kündigen oder auf eine unerwartete Anfrage reagieren. Vielleicht müssen Sie Träume begraben und neue Visionen ausgraben. Vielleicht sollten Sie Zeit mit einer Mentorin verbringen, um sich klarer über Ihre Aufgabe zu werden. Vielleicht wissen Sie schon lange, was Sie tun wollen, und müssen sich nun viel mehr zutrauen, als Ihnen eigentlich angenehm ist.

Irgendetwas können Sie einzigartig. Wenn Sie es gefunden haben, dann wünsche ich Ihnen den Mut, es mit ganzer Kraft zu leben!

Und jedem Anfang wohnt ein Zauber inne,
der uns beschützt und der uns hilft zu leben.

Hermann Hesse[18]

Kapitel 7

JETZT IST DEINE ZEIT: JETZT!

BERUFUNG SOLLTE MAN NICHT AUF SPÄTER VERSCHIEBEN.

Menschen können etwas in ihrem Leben ändern. Das leben, was jetzt geht. Berufungen können vollzeitlich oder teilzeitlich bzw. auch zeitlich begrenzt sein. Nach vorn schauen und Weitblick wagen: Pläne für die nächsten zehn Jahre entwerfen.

SAMSTAGS MAL ANDERS STARTEN

Üblicherweise schlafen wir Wendels samstags alle aus, also jeder, so lange er kann. Nach und nach kommen wir dann zum gemütlichen Frühstück zusammen, das mit Brötchen oder Toast ausgiebiger ausfällt als im turbulenten Alltag.

Neulich dachte ich: „Ach, eigentlich ist das schon ziemlich eingefahren bei uns. Jeden Samstag läuft das so, wenn wir nicht unterwegs sind. Auf Dauer auch irgendwie langweilig. Wie wäre es, wenn wir es morgen einfach komplett anders machen? Sollten wir nicht zur Abwechslung mal frühstücken gehen – wir haben doch noch diese Gutscheine? Wir können uns etwas Besonderes gönnen, bevor wir dann Rasen mähen oder Hausaufgaben machen. Können wir nicht morgen ganz anders in den freien Tag starten?“

Ja, wir können es anders machen! Das kann den ganz normalen Samstag betreffen, das kann aber auch große Entscheidungen unseres Lebens betreffen.

JETZT!

„Jetzt“ ist ein richtig tolles, motivierendes und befreiendes Wort! Jetzt ist Ihre und meine Zeit. Wir haben so unendlich viele Chancen und Möglichkeiten, auch wenn wir das oft nicht vermuten. Denn wir leben im Alltag mit all seiner Routine. Dadurch erleben wir uns oft eher als Hamster im Laufrad und weniger als freie Menschen mit vielen Chancen. Und so dreht sich das Hamsterrad fröhlich weiter, nicht nur in unserem Haushalt, sondern auch bei unseren anderen Verpflichtungen, die wir eingegangen sind.

Jetzt ist unsere Zeit! Das kann fast ein wenig erschrecken. Ja, ich könnte heute und jetzt sofort meine aktuelle Mitarbeit in der Gemeinde beenden. Das könnte ich. Und Sie könnten, wenn es Ihnen sehr wichtig ist, heute und jetzt (oder zumindest morgen) eine Bewerbung abschicken, die Ihr Leben noch einmal komplett auf den Kopf stellt. Oder Sie könnten Ihre ehrenamtliche Mitarbeit im Sportverein abgeben, um sich mit ganzer Kraft in Sachen Schulpolitik überregional engagieren zu können. Diese Chancen haben wir!

Natürlich weiß ich, dass man auch nicht blauäugig sein darf. Und ich will Sie nicht einfach dazu ermutigen, eine Stelle zu kündigen und eine neue Bewerbung abzuschicken. Schon gar nicht in dieser Reihenfolge! Ich will mit diesem Gedanken nur dazu herausfordern, dass wir uns und unser Leben einmal aus einer anderen Perspektive betrachten.

Erinnern Sie sich noch an Pia aus dem vorigen Kapitel? Pia mit ihrer großen Familie, den ehrenamtlichen und beruflichen Pflichten? Pia hat vorgemacht, was es heißt, das „Jetzt“ zu nutzen. Als ihr klar wurde, dass sie kürzen muss, hat sie sich eine Auszeit genommen und anschließend ihr Leben geändert. Sie hat nicht erst zwei Jahre verstreichen lassen und ist weitergehetzt, sondern hat Entscheidungen getroffen. Jetzt! Ihr Leidensdruck war groß genug, dass sie etwas ändern wollte. Ihre Freude an ihrer Berufung war groß genug, dass sie ihr wieder einen höheren Stellenwert einräumen wollte.

Wenn Sie sich schon eine Weile über notwendige Veränderungen Gedanken machen, dann nutzen Sie die Chance Ihres heutigen Tages! Nehmen Sie Ihre Gedanken so ernst, dass daraus in irgendeiner Weise Taten werden.

Vielleicht geht das schon heute. Sicher aber spätestens in den nächsten Wochen oder Monaten. Sie persönlich haben ein „Jetzt"! Das dürfen Sie nutzen.

LEUCHTTURMZEITEN

Vielleicht hilft dazu eine Leuchtturmzeit? Damit meine ich eine Zeit, in der wir von oben auf unser Leben schauen. Solche Leuchtturmzeiten können ganz unterschiedlich aussehen. Vielleicht nehmen wir uns eine Auszeit im Kloster wie Pia oder wir erleben unsere persönliche tägliche Stille als Entscheidungszeit so wie Marie, die Diakonisse. Vielleicht brauchen wir ein Gegenüber dazu, suchen uns einen Coach oder eine Seelsorgerin. Im Gespräch können sich für uns die nächsten konkreten Schritte entwickeln. Vielleicht fahren wir auch für ein paar Tage in die Berge oder an die Nordsee, um allein sein zu können.

> Genießen Sie eine Leuchtturmzeit: Schauen Sie von oben auf Ihr Leben!

Ja, da oben auf dem Leuchtturm, da kann einem schon ganz schön schwindelig werden! Und der Wind pfeift auch ganz kräftig! Man ahnt vielleicht plötzlich, was noch auf einen zukommen kann. Da gibt es sicher Schritte, Entscheidungen, Gespräche, die uns Angst machen. Werde ich das schaffen?

Auf der anderen Seite hat man aber auch eine fantastische Sicht, eine echte Rundumsicht! Vielleicht sehen wir von dort oben, wie sich ein Beruf oder eine Aufgabe in unserem Leben entwickeln kann. Und vielleicht sieht das Ganze so gut und klar und schön aus, dass wir kein Wort herausbekommen außer ein ehrfurchtsvolles: „Wow!"

UND NOCH MAL: JETZT!

Als ich mich in der Lebensmitte verändern musste, da spürte ich schmerzlich: Ganz so viel Zeit hast du nicht mehr! Ich musste betrauern, was ich früher entschieden hatte, weil ich dazu nicht mehr stehen konnte. Ich spürte aber auch: Jetzt ist meine Zeit! Es gibt keinen Grund, jetzt zu zögern und zu warten. Das war keine Torschlusspanik. Es war das Gespür dafür, dass jetzt eine neue Chance vor der Tür liegt.

Auch Sie haben vielleicht schon eine kürzere oder längere Lebensphase hinter sich. Ich möchte Sie ermutigen, Ihr Jetzt zu beachten und zu lieben! Jetzt geht was! Es geht das, was Sie aus Ihrem Leben machen wollen! Es geht das, was Sie von Gott gehört und von sich selbst herausgefunden haben!

Ich habe in den letzten Jahren mit vielen Frauen Kontakt gehabt, deren Berufungsgeschichten nicht geradlinig und einfach verlaufen sind. Sie erzählten von Brüchen im Leben, Umschwüngen, Veränderungen, Neuanfängen. Doch viele von ihnen haben ihr Jetzt genutzt oder sind gerade dabei, es zu tun. Es ist beeindruckend zu sehen, wie sehr sie alle durch ihren Mut gewonnen haben, ihre persönliche „Jetztzeit" zu nutzen (und nicht auf ihre „Übermorgenzeit" zu warten). Ja, diese Neuanfänge haben ihren ganz persönlichen Zauber!

VOLLZEIT ODER TEILZEIT

Die Ärztin Anne geht ihrer Berufung in Vollzeit nach und investiert einen sehr großen Teil ihrer Arbeitskraft für ihre Patienten. Ich selbst hatte früher folgende Vorstellung: Wer eine Berufung hat, der bekommt sie als Teenager und lebt dann sein ganzes Leben so – als Pastorenfrau irgendwo in Deutschland, als Missionarin irgendwo in Indien, als Buchhändlerin im Heimatort. Das ist natürlich nur eine sehr begrenzte Sicht, die ich da hatte. Nur selten läuft eine Berufung so zielgerade durch. Auch diejenigen, die ihre Berufung entdeckt haben und sie zu hundert Prozent leben, müssen sich immer wieder Zeiten einräumen, in denen sie hören und schauen, ob sie aktuell noch in der richtigen Spur sind. Vielleicht ist mittlerweile auch etwas anderes dran? So hat Anne innegehalten, als ihre Tochter zur Welt kam. Und dann hat sie vollzeitlich weitergemacht.

Meine Cousine, von der ich im vierten Kapitel erzählt habe, ist seit ihrer Heirat Pastorenfrau. Sie geht keiner anderen Berufstätigkeit nach, sondern widmet sich ganz ihrer Berufung an der Seite ihres Mannes – denn als das empfindet sie ihre Rolle als Pastorenfrau. Jedoch sehen ihre Aufgaben immer wieder neu und anders aus, je nachdem, an welchem Ort sie wohnen, wie sehr die Kinder sie brauchen oder was für eine Gemeindesituation sie vorfinden.

Neben den vollzeitlichen Berufungen gibt es teilzeitliche: Sie beanspruchen nicht die gesamte Zeit und Energie eines Menschen, sondern nur einen Teil davon. Wichtig dabei ist: Das zeitliche Maß sagt nichts darüber, wie wichtig eine Aufgabe ist! Besonders den Frauen, die für sich merken, dass ihre Kräfte nicht für eine vollzeitliche Berufung reichen, möchte ich an dieser Stelle jede Menge Mut machen. Achten Sie „Ihr Ding" nicht gering, nur weil es zeitlich kleiner ausfällt. Wenn es Ihre Berufung ist, an drei Tagen der Woche für einige Stunden in einem christlichen Bücherladen zu helfen, dann ist das eine sehr, sehr wichtige Aufgabe. Und wenn Sie ehrenamtlich im Hospiz Ihrer Stadt mithelfen und Menschen aus Barmherzigkeit auf ihrem letzten Weg begleiten, dann ist das ein sehr beachtenswerter Dienst! Wenn Sie es als Ihre Berufung erkannt haben, dass Sie ein Nachbarskind zweimal in der Woche mittags bei sich am Küchentisch haben, dann ist das ebenfalls sehr gut und wichtig!

Gott achtet Ihre Berufung! Er schätzt Ihre Aufgabe und Ihren Einsatzwillen! Er achtet aber auch Ihre Grenzen, wie auch immer es zu diesen gekommen ist. Und wenn er es tut, dann sollten Sie selbst es auch tun! Es kommt nicht darauf an, mindestens 40 Stunden pro Woche mit dem beschäftigt zu sein, was Ihre Berufung ist. Vielmehr ist entscheidend, dass Sie an der Stelle sind, wo Sie hingehören. Vielleicht sind es sogar nur zwei Stunden pro Woche, die Sie Ihrer Berufung nachgehen können. Dann ist es gut so. Dann sind es zwei ganz wertvolle Stunden.

SICH LANGSAM HERANTASTEN

Am Anfang des vierten Kapitels habe ich von Nora erzählt, die bei einer Behörde arbeitet, irgendwann ihre seelsorgerlichen Fähigkeiten erkannte und später gern in größerem Umfang als Beraterin arbeiten möchte. Ganz am Anfang ihrer neuen Berufung hat sie in kleinen Schritten angefangen und sich an neue Aufgaben nach und nach herangetastet. Sie hat einige Menschen in besonderen Lebenssituationen begleitet. Außerdem hat sie überlegt, wie sie sich fortbilden kann.

Ihre ersten Schritte waren nicht, mit großem finanziellem Aufwand ein Beratungszimmer anzumieten, dieses umfangreich zu renovieren und sich dafür neue Möbel von Ikea zu organisieren. Nein, die Beratungsarbeit war zunächst wie ein persönliches Experiment: Sie hat sich damit nicht auf Jahre festgelegt, sondern es ausprobiert – es war für sie wie ein Projekt. Sie hätte es auch abbrechen können, wenn sie nach drei Jahren gemerkt hätte: Das ist es doch nicht. Ich habe mich da vertan. Sie gab sich Zeit, damit es sich entwickeln konnte. Wartete ab, ob sich Klienten bei ihr zur Beratung anmeldeten oder nicht. Außerdem war es ihr wichtig, auf Gott zu hören, wie sich die Dinge weiter bei ihr gestalten sollten.

Nach und nach Sicherheit gewinnen – das hilft!

Später gewann sie durch ihre Erfahrungen ein Stück Sicherheit. Dann erst hat sie sich Gedanken gemacht, ob sie einen Raum für ihre Ratsuchenden braucht und wie sie an den kommen kann.

In der Bibel wird ebenfalls von „Projekten" berichtet, die für einen bestimmten Zeitraum dran waren: so zum Beispiel die Arbeit der Diakone in Apostelgeschichte 6. Sie wurden zu einer bestimmten Zeit gewählt und waren für eine bestimmte Zeit tätig. Stephanus, einer von den Diakonen, war später evangelistisch unterwegs. Das Gleiche gilt für Philippus, der dem Kämmerer Gottes Wort erklärte (Apostelgeschichte 8,26-40). In Apostelgeschichte 6 aber sind beide – zusammen mit anderen – verantwortlich im diakonischen

Projekt der jungen Gemeinde tätig. Das war ihre zeitlich begrenzte Aufgabe. Nicht jede Entscheidung für eine Berufung muss also eine Entscheidung bis zum Lebensende sein.

Geht es Ihnen auch so, dass Sie nicht zu denen gehören, die sich mit fliegenden Fahnen in eine neue Aufgabe stürzen? Viele Frauen sind eher zögerlich, ob ihre Gaben und Kräfte wirklich für eine tolle Idee ausreichen. Doch Sie können sich selbst den Druck nehmen, indem Sie etwas für eine bestimmte Zeit zusagen oder ausprobieren. Das wird dann Ihr persönliches „Projekt": Ein Jahr lang will ich ausprobieren, ob ich im Ausländercafé an der richtigen Stelle bin. Oder ich will zusagen, sechs Monate lang am Büchertisch mitzuhelfen. Einige Krankenbesuche will ich machen und dann sehen, ob mir das liegt. Oder: Sechs Wochen bin ich bereit, den Hauskreis zu leiten. Danach entscheide ich, ob ich mir Hauskreisleitung weiterhin vorstellen kann. Oder auch: Drei Monate will ich jetzt intensiv Informationen darüber sammeln, was eine Fortbildung im Bereich Ergotherapie genau bedeuten und beinhalten würde.

Mit einem zeitlich begrenzten Projekt können Sie sich selbst ganz viele Ängste nehmen und das Ganze spielerisch angehen. Sie können sich eine Zeit des Ausprobierens zugestehen. Vielleicht wird dann eine größere Sache daraus. Das wird sich zeigen.

AUSBLICK

Lassen Sie uns jetzt noch einmal auf den Leuchtturm gehen. Gönnen wir uns einen Ausblick auf Ihr und mein Leben. Wir können die Rundumsicht genießen und uns richtig motivieren lassen.

Bisher ging es darum, das Jetzt zu nutzen und in die Gänge zu kommen; außerdem darum, Dinge für einen begrenzten Zeitraum zu wagen. Wir dürfen uns aber gern auch viel weitere Ziele stecken, wenn wir das bereits hinter uns haben.

Von meinem Leuchtturm aus sah ich vor einigen Jahren Folgendes: Ich sah vor mir, dass ich nicht nur hier und da einen Artikel schreiben würde, sondern auch Bücher. Außerdem sah ich, dass ich nicht nur ein oder zwei Referatsthemen hätte, mit denen ich unterwegs sein würde, sondern mehrere. Ich sah vor mir, dass die Kinder immer größer und selbständiger würden und ich von daher mehr Termine annehmen könnte. Ich sah, dass ich durch meine Vortragsreisen an andere Orte meinen Radius erweitern würde: Ich würde mir auch größere Städte und kompliziertere Anfahrtswege zutrauen. Ich würde irgendwann so in meinen Themen drin sein, dass ich mitunter auch frei sprechen könnte. Das waren alles Dinge und Erfahrungen, die damals noch außerhalb meiner Lebenswirklichkeit lagen. Doch vom Leuchtturm aus konnte ich kurz einen Blick darauf werfen.

> Was würden Sie mit dem Großteil Ihrer Lebenszeit in den nächsten zehn Jahren gern tun?

Von Herzen will ich Sie dazu ermutigen, dass Sie die Treppen zu Ihrem Leuchtturm ebenfalls hochgehen und hinter dem geschützten Geländer einen Ausblick auf Ihr Leben wagen. Von dort oben werden Sie ein weites Land sehen. Zum Teil erscheint es Ihnen vielleicht noch unerreichbar. Doch was Gott noch mit Ihnen vorhat, soll Sie nicht einschüchtern, sondern motivieren!

Eine Freundin von mir hat von ihrem Leuchtturm aus gesehen, dass sie sich später nicht nur in zwei, drei begrenzten kleinen Räumen um einige vollzeitliche Mitarbeiter kümmern wird. Nein, sie sah ein Haus vor sich und wusste: Das kommt irgendwann als Aufgabe in mein Leben. Später werde ich ein Haus zur Verfügung haben, in dem sich Missionare und Pastoren regenerieren können.

Es war gut, dass sie das vom Leuchtturm aus gesehen hat, denn als irgendwann die Zeit gekommen war und das Haus zur Verfügung stand, war sie vorbereitet. Sie hat sich nicht von Ängsten einschüchtern lassen, sondern ist mutig nach vorn gegangen, weil sie Jahre vorher über ihr Lebensland geschaut hatte.

Wie man das macht, auf den Leuchtturm zu gehen? Es fängt mit Beten und Träumen an. Man darf sich dabei von der Frage leiten lassen: Was würde ich mit dem Großteil meiner Lebenszeit in den nächsten zehn Jahren gern tun? Träumen Sie also munter drauf los! Draußen in der Hängematte oder drinnen vor Ihrem Kamin, in einem kleinen Klosterzimmer oder im Wald, vielleicht sogar irgendwo auf einem richtigen Leuchtturm an der See. Und vielleicht notieren Sie sich einige Träume oder konkrete Ziele, die Ihnen wichtig geworden sind. So leicht geht uns im Alltag einiges verloren! Halten Sie deshalb ruhig einige Ideen fest, um in einem halben Jahr wieder darauf zu schauen, was die nächste Herausforderung für Sie sein könnte.

Schließen Sie die Augen dabei, wenn Ihnen das hilft, und beten Sie zu Ihrem großen Lebensfreund Jesus! Der steht neben Ihnen auf dem Leuchtturm.

Und hören Sie, was er sagt, während Sie beide da oben stehen?

„Siehst du?!"

Man kann Gott nicht allein mit Arbeit dienen,
sondern auch mit Feiern
und
Ruhen.

Martin Luther[19]

Kapitel 8

DURCHHALTEN, STATT AUFGEBEN: WIE DU AUSDAUERND LEBEN KANNST

BERUFUNG KANN ANSTRENGEND SEIN.

Lebensstrategien, die Kraft schenken: abhängig von Gott leben; Unterstützer suchen; durch Hobbys, Bewegung, Schlaf entspannen; zwischenmenschliche Konflikte lösen.

RICHTIG ANSTRENGEND – MEINE BERUFUNG

Irgendwann, wenn ich richtig in einem Buchprojekt drin bin, wird es mühevoll. Ich weiß nie, wann es soweit ist, aber irgendwann komme ich richtig ins Schwitzen. Zwar fallen auf meine PC-Tastatur keine Schweißtropfen, aber ich ringe dann mit Gedanken und Worten. Ich lösche, formuliere neu, ordne anders an, mühe mich. Ebenso anstrengend ist die Zeit der Überarbeitung und des Korrekturlesens, der Titel- und Coverfindung. Da passieren auch immer wieder Missgeschicke oder es kommt zu herausfordernden Situationen.

Wenn ich jetzt noch erzähle, was ich an stressigen Erfahrungen auf meinen Reisen zu Referaten bei Frauenfrühstücken erlebt habe, dann wird mich manche Leserin vielleicht fragen wollen, warum ich mir das antue …

Da gab es den Schaffner, der mich an einem Freitagabend in den falschen Zug lotste, sodass ich fast in Berlin statt in Eisenach gelandet wäre. Durch freundliche, informierte Mitfahrer konnte ich auf dem nächsten Bahnhof schnell noch den Zug wechseln. Die Veranstalter in Eisenach hätten sonst am Samstag ein Frühstück ohne Referentin erlebt.

Es gab die Gastgeberin, die mir als „ruhigen, rückenfreundlichen Schlafplatz" eine dreiteilige Coach im Familienwohnzimmer anbot. Wie sollte ich da nur entspannen und am nächsten Morgen topfit sein? Hatte ich das vorher nicht klar kommuniziert?

Es gab den Techniker, der für eine Veranstaltung meine Beamerpräsentation aufrufen sollte, aber das alles noch nie gemacht hatte. Es gab auch niemanden, der ihm hätte helfen können. In Gedanken spielte ich schon durch, wie es ohne Präsentation klappen könnte. Während des Frühstücks brachte er die Sache aber doch noch zum Laufen. Gerade noch rechtzeitig!

Für all diese Situationen sind Gelassenheit, Geduld, Durchhaltevermögen nötig, damit man nicht aufgibt. Manchmal hilft ein Stoßgebet, manchmal hilft es, jemanden um Rat zu fragen, ein anderes Mal hilft eine Atemübung. Manchmal hilft auch nichts, da laufen die Dinge einfach schief und es ist wichtig, danach trotzdem fröhlich weiterzumachen.

RICHTIG ANSTRENGEND – BERUFUNG ANDERER FRAUEN

Anne, die Ärztin und Mutter aus Kapitel sechs, kommt natürlich nicht immer pünktlich aus der Praxis. Kurz vor Feierabend, wenn sie ihre kleine Tochter abholen will, ist noch eine Patientin zu behandeln, bei der die Diagnose schwierig ist. Das geschieht leider gerade an den Tagen, an denen es gar nicht passt. Anne fühlt sich in so einer Situation schon mal zwischen ihren Pflichten als Ärztin und Mutter zerrissen. Während an anderen Tagen alles gut läuft, sind das die Tage, die sie richtig herausfordern und an ihre Grenzen bringen.

Meine Cousine, die ich in Kapitel vier vorgestellt habe, wollte mit ihrem Mann zusammen ja noch einmal ein gemeinsames Projekt angehen. Sie engagieren sich nun in einer Teilgemeinde, die ca. 40 Kilometer von ihrem Zuhause entfernt liegt. Das sind richtig lange, anstrengende Sonntage! Beide wollen nicht nur den Gottesdienst gestalten, sondern sich auch noch Zeit für die Menschen vor Ort nehmen. Es kostet Kraft, jede Menge Benzingeld und den schönen sonntäglichen Mittagsschlaf. Richtig gespürt haben die beiden Eheleute das erst, als sie mittendrin waren.

Ihre Berufung, die Sie vielleicht schon leben oder vor Augen haben, wird auch ganz spezielle Probleme und Herausforderungen mit sich bringen. Die

Migranten, um die Sie sich im Café kümmern, missverstehen manches, weil sie in einem anderen Kulturkreis aufgewachsen sind. Der Sterbende, den Sie im Hospiz begleiten, ist sehr eigen und fordert all Ihre Kräfte. Das Schulkind, das Sie wöchentlich zum Mittagstisch einladen, entpuppt sich als komplizierter Esser, sodass Ihre Freude am Kochen beinahe vergeht.

Keine Berufung wird auf Dauer einfach sein. Niemand kann uns garantieren, dass uns „unser Ding" nicht auch etwas abverlangen wird. Auch Gott verspricht uns das nicht. Jesus selbst hat seinen Jüngern einige Herausforderungen in ihren Berufungen angekündigt. Beispiele sind Verlusterfahrungen von Besitz oder Menschen (Matthäus 8,18-22), Mitarbeitermangel (Matthäus 9,38), Ablehnung durch Menschen (Matthäus 10,5-16), Verfolgung (Matthäus 10,17-25), Unglaube und Desinteresse anderer an Gott (Matthäus 13,1-23).

> Es wird nicht immer leicht sein, sondern herausfordernd!

Wir merken: Hier werden Anstrengungen und Herausforderungen genannt, die unsere eigenen schwierigen Erfahrungen zum Teil noch weit, weit überschreiten. Im Vergleich dazu ist das, was wir mitunter an Problemen erleben, eher gering und gut zu schaffen. Trotzdem brauchen auch wir Kraftspender, um unsere Berufung zu leben, denn sicher ist: Es werden Herausforderungen auf uns warten.

LEBENSSTRATEGIEN, DIE KRAFT SCHENKEN

Es sind Lebensstrategien nötig, die uns Kraft und Ausdauer schenken. Ausdauer dafür, unsere Berufung die Monate, Jahre oder Jahrzehnte leben zu können, die sie dauern wird. Ein gutes Pflichtbewusstsein allein wird nicht ausreichen, um die eigene Berufung auf Dauer durchzuhalten.

Am Anfang meiner Zeit als Pastorenfrau hatte ich tatsächlich fast nur dies: das gute Pflichtbewusstsein. Ich kann ganz ehrlich sagen, dass es nicht ausgereicht hat. Sehr schnell kam ich ans Ende … Ein Beispiel: Unter anderem fühlte ich mich dafür verantwortlich, einen Gebetskreis mitzuleiten. An einem bestimmten Abend kam ich abgehetzt und müde im Gemeindehaus an. Weil noch kein anderer Teilnehmer da war, setzte ich mich ans Klavier und spielte vor mich hin. Zehn Minuten später merkte ich, dass keiner zum Gebetskreis gekommen war und wohl auch keiner mehr kommen würde. Dabei hatte die Gemeinde über 300 Mitglieder. Enttäuscht knallte ich den Klavierdeckel auf das Instrument und fuhr genervt nach Hause, voller negativer Gedanken.

Wenn ich heute an diesen Abend zurückdenke, dann würde ich ihn gern noch einmal durchleben: Ich würde um kurz vor acht bemerken, dass ich an diesem Tag viel zu erschöpft bin, um zum Gebetskreis zu gehen. Daraufhin würde ich meinen Mitverantwortlichen anrufen und ihm das erzählen. Dabei würde ich dann erfahren, dass es ihm ähnlich geht. Wir würden am Telefon kurz miteinander beten. Anschließend würden ein Entspannungsbad mit viel Lavendel, dabei vielleicht eine Zeit der Fürbitte für die Anliegen der Gemeinde und anschließend eine lange Runde im Bett das sein, was meine Kraftreserven wieder auffüllt. Gott hatte an diesem Abend nichts von meinem überhöhten Pflichtbewusstsein. Keiner hatte etwas davon. Noch nicht einmal das Klavierspielen hatte ich genießen können!

Gute Lebensstrategien halten uns innerlich und äußerlich fit.

Pflichtbewusstsein ist für berufene Frauen ein wichtiger und guter Charakterzug. Aber er genügt nicht als Motor. Daher sind Lebensstrategien nötig, die auf Dauer innerlich und äußerlich fit halten. Das ist die Selbstfürsorge, die wir brauchen, wenn wir unsere Berufung leben wollen.

Im Folgenden will ich Ihnen einige dieser Lebensstrategien kurz vorstellen.

MICH AUF GOTT HIN JUSTIEREN (1. STRATEGIE)

Ich übe momentan Folgendes: Bevor ich mich in einer schwierigen Situation (siehe oben) ärgere, aufrege, sorge oder mit mir und anderen schimpfe, lege ich die ganze Sache Gott vor. Ich richte mich neu nach oben aus. Das braucht gar nicht viel Zeit und geht am Schreibtisch genauso gut wie auf der Bühne oder am Krankenbett. Alle Ratlosigkeit, Frust und Anstrengung lege ich bei Gott ab. Manchmal habe ich dann eine unerwartete Leuchtturm-Erfahrung: Plötzlich kann ich die Dinge von oben sehen. Oft „geschieht" dann auch eine Lösung: Ich kann mit einem Mal auf eine Idee oder technische Hilfsmittel oder eine Rechthaberei verzichten. Ich kann loslassen. Ein anderes Mal kann ich mich rechtzeitig wehren. Ich kann mit Halbfertigem leben oder etwas aushalten. Oder ich erlebe eine unerwartete Veränderung zum Guten, ein kleines Wunder.

In unserer Ortsgemeinde bin ich für die Gottesdienstleitung verantwortlich. Natürlich bekomme ich da nicht nur Lob und Anerkennung, sondern auch Kritik zu hören. Die letzte herausfordernde Rückmeldung liegt nur einige Wochen zurück. Direkt nach dem Gottesdienst hat mir jemand klargemacht, was ich seiner Meinung nach alles nicht beachtet habe. Ich war enttäuscht, verärgert und frustriert. Ungefähr 24 Stunden lang habe ich versucht, die Sache allein zu lösen. Ich habe mir Gedanken gemacht, eine Mail an den lieben Menschen formuliert und wieder verworfen. Schließlich habe ich doch eine abgeschickt. Dann kam nach gut einem Tag der erlösende Gedanke von oben: „Hey, Kerstin Wendel, hast du die ganze Sache eigentlich schon mir vorgelegt?"

Ich musste traurig bemerken: Nein, das hatte ich nicht getan, ich hatte komplett vergessen, dass Gott sich auch um diesen Konflikt kümmern möchte. Nun war ich bereit dazu, ihm die Sache zu überlassen. Gottes Gedanken und Ideen dazu wollte ich aufnehmen. Ich richtete mich wieder neu auf ihn aus. Das half dabei, dass ich mich mit dem betreffenden Menschen wieder zusammenraufen konnte.

Neben diesen spontanen Gott-such-Aktionen brauche ich die längeren Zeiten mit Gott. Ich persönlich plane mir deshalb bestimmte stille Tage pro Jahr ein: 24 Stunden raus aus dem normalen Alltag, um Zeit zum Reden mit Gott zu haben. In dieser Zeit spreche ich mit Gott immer auch über meine Berufung. Und natürlich lasse ich viel Raum, um ihn zu Wort kommen zu lassen, denn ich möchte gern mitbekommen, was er mir zu sagen hat. Manchmal entsteht so eine neue Idee für ein Projekt oder ein Buch. Manchmal kann ich dadurch Termine weiser planen. Oder ich bekomme einen hilfreichen Gedanken, wie ich mit einem schwierigen Mitarbeiter umgehen kann.

Vielleicht sind auch in Ihrem Leben Gott-such-Aktionen hilfreich: die spontanen, wenn Sie mitten in den Problemen drinstecken, aber auch die lang geplanten. Vielleicht sind es die Stoßgebete im Alltag? Vielleicht ist es die jährliche Tagung irgendwo, die Ihnen die nötigen Impulse gibt? Vielleicht nehmen Sie regelmäßig an einem Hauskreis teil oder lesen eine inspirierende Zeitschrift, die Sie abonnieren?

Es tut gut und ist absolut notwendig, gerade auch mit unseren Problemen rund um das Thema Berufung nicht allein zu bleiben, sondern Gottes Nähe zu suchen.

MICH MIT UNTERSTÜTZERN UMGEBEN (2. STRATEGIE)

Meine Freundin Doro bietet an ihrem Wohnort regelmäßig Musical-Projekte für Teens an. Dabei engagieren sich kirchlich und nicht kirchlich orientierte Leute gemeinsam. Doro muss zunächst eine Musical-Idee finden und überarbeiten. Sie braucht einen großen Pool an Mitarbeitern, die mit den jungen Menschen in den Bereichen Theater, Tanz und Gesang proben. Es ist eine Menge an Organisation nötig. Insgesamt sind ihre Projekte sehr herausfordernd, aber auch sehr befriedigend, weil es eine wirklich tolle Arbeit ist.

Von Anfang an hat sie sich nicht nur finanzielle Sponsoren gesucht, sondern auch Menschen, die sie innerlich unterstützen. Wer mit so vielen Leuten arbeitet, der weiß, dass eine Menge Probleme zu erwarten sind. Durch ihren Kreis an Unterstützern hat sie nun Ermutiger, Beter, Mitdenker an ihrer Seite. Das tut ihr gut! Regelmäßig gibt sie aktuelle Infos weiter. Und genauso regelmäßig bekommt sie „inneren Traubenzucker" von den Unterstützern, sodass sie Durststrecken, Erkrankungen, Probleme, Selbstzweifel besser ertragen kann.

Letztlich erfährt sie dabei auf zwei Wegen Unterstützung: menschlich und geistlich. Menschlich gesehen kann sie sich fallen lassen und weiß, dass es einen guten Ort für ihren Frust gibt. Und geistlich gesehen hat sie einen inneren Schutz für sich und alle Beteiligten. Ihre Erfahrung ist, dass diese Projekte von vielen Menschen sehr geschätzt werden, zum Beispiel von den Eltern der Teens. Sie erlebt aber auch, dass sie angefochten sind, weil hier Menschen mit Gott konfrontiert werden. Deshalb braucht sie Beter! Für sie allein wäre die Aufgabe mehrere Nummern zu groß.

Als ich noch Pastorenfrau war, kam ich einmal in eine richtig schwierige Situation. Zu meinem großen Glück hatte ich mich schon seit einiger Zeit einem kleinen überkonfessionellen Gebetskreis von Frauen angeschlossen, der sich vierteljährlich traf. Dort redeten wir über unsere Berufungen in Arbeit, Gemeinde und Familie und beteten anschließend dafür. Wenn ich diesen Kreis in der Zeit nicht gehabt hätte, dann wäre ich wahrscheinlich richtig abgestürzt! Gott sei Dank hatte ich ihn aber bereits gefunden, als es noch keine Probleme gab. Nicht vorzustellen, wie ich die schwierigere Zeit ohne meine Unterstützerfrauen durchgestanden hätte!

Gute Lebensstrategien sind genauso wichtig wie die Aufgabe selbst.

Ich kann mir viele Berufungssituationen vorstellen, bei denen Unterstützer hilfreich und entlastend sind. Hier drei Ideen, mit denen ich selbst gute Erfahrungen gemacht habe:

- Sich einem Gebetskreis anschließen oder ihn starten, in dem für die Berufungen der Einzelnen gebetet wird. Gut ist es, wenn jeweils nur eine Frau aus einer Gemeinde oder einem christlichen Werk dabei ist, damit man sich innerlich fallen lassen kann. So entstehen keine unerwünschten Verflechtungen: Frau kann ehrlich auch über Probleme berichten und muss nicht befangen sein, denn kein anderer Beteiligter „hört" mit.
- Infobriefe mit Gebetsanliegen an Freunde verschicken, die bereit sind, dafür regelmäßig oder unregelmäßig zu beten.

- Coachinggespräche mit einer Mentorin führen. Mit einem wohlwollenden Gegenüber kann man wichtige Fragen besprechen. Jede von uns Frauen hat ja ihre persönlichen Fallen, in die wir manchmal tappen. Im Coachinggespräch kann man über Selbstzweifel, Überforderung, Ar- beitstempo, Motivation, Antreiber und viele weitere Themen reden. Das stärkt und gibt Kraft für die nächste Wegstrecke.

Solche Unterstützung muss gar nicht häufig stattfinden, aber sie sollte regelmäßig in unseren Alltag eingeplant werden. Sie ist genauso Bestandteil unserer Aufgabe wie unsere Aufgabe selbst. Deshalb ist es auch geschickt, am besten dann damit zu beginnen, wenn alles noch rund und leicht läuft. Die Herausforderungen kommen schon von ganz allein.

FÜR EINEN AUSGEGLICHENEN LEBENSSTIL SORGEN: HOBBYS, BEWEGUNG, SCHLAF (3. STRATEGIE)

Nach meiner Arbeit an diesem Kapitel heute Morgen werde ich mit meinen Walkingstöcken eine Weile unterwegs sein. Für mich ist das Walking ein ganz wichtiges Hobby: In der Natur kann ich optimal entspannen. Gedanken und Erinnerungen an Erlebnisse können kommen und gehen. Ich mache das nicht nur meinem Rücken zuliebe, sondern hauptsächlich zum Regenerieren. So gehöre ich hier in meinem Wohnort schon zum Straßenbild. Es kann ohne Weiteres passieren, dass ein Fußgänger mich fragt, wo ich denn heute meine Stöcke gelassen habe, wenn ich einmal ohne sie unterwegs bin ...

Ich kenne viele Männer und Frauen, die ihre Berufung gesucht und gefunden haben und auch engagiert darin leben. Die Ausdauernden, Gelassenen und Glücklichen unter ihnen sind die, die auch einen dazu passenden und sie unterstützenden Lebensstil gefunden haben.

Pia, die mehrfach begabte Frau aus dem sechsten Kapitel, entspannt bei Kontakten. Sie liebt es, sich zu treffen. Ob nun zum Frühstück, zum Kaffee zwischendurch, zum Beten oder zum Feiern – sie tankt auf, wenn andere um sie sind. Menschen sind eines ihrer Hobbys.

Meine Cousine liebt ihren Garten. Hier findet sie die Ruhe, die sie braucht, um zu regenerieren. Mal unterstützt sie dabei eine gute Zeitschrift auf ihrer Lieblingsliege, mal braucht sie nichts anderes als fröhliches Vogelgezwitscher oder rauschenden Wind in den Baumwipfeln.

Ein begabter Gemeindeleiter, den ich kenne, geht außer in seiner Ortsgemeinde noch an anderen Stellen seinen Berufungen nach. Er ist also ein echter „Schaffer": jemand, der quantitativ viel wegarbeiten kann. Gleichzeitig achtet er bewusst auf seinen Ausgleich. So genießt er es, in der Natur zu sein. Da entspannt ihn das Fahrradfahren, aber auch die Gartenarbeit. Außerdem plant er gezielt kurze oder längere Urlaubstrips, die er mit Frau und zum Teil auch erwachsenen Kindern unternimmt. Hier findet er die nötige Entspannung und kann alle Aufgaben hinter sich lassen.

Durch einen ausgeglichenen Lebensstil werden wir stärker darin, Herausforderungen zu begegnen.

Es kommt also letztlich überhaupt nicht darauf an, was Sie oder ich machen. Ob Sie nun Kanu fahren oder Shoppen gehen, ob Sie sich Ihrem Mittagsschlaf hingeben oder ob Sie sich abends auf dem Balkon den dicken Wälzer reinziehen: Es kommt nur darauf an, dass wir das finden, was uns wirklich entspannt. Wenn wir das gefunden haben, sollten wir uns immer wieder die Zeit dafür nehmen. Kein anderer kann uns diese Verantwortung abnehmen, aber nur ein selbstfürsorglicher Mensch wird auf Dauer innerlich und äußerlich seine Berufung durchhalten.

Neben der wichtigen Zeit für ein Hobby gehören ausreichend Schlaf und Bewegung zu dem, worauf wir ein Augenmerk haben sollten. Hier gibt es keine Regeln, denn wir sind unterschiedlich in unseren Bedürfnissen. Ich als Hochsensible brauche (leider) viel Schlaf. Ich kenne andere Frauen, die mit weniger auskommen. Es tut uns gut, wenn wir uns auch mit diesem Bedürfnis gut kennen und sorgsam mit uns umgehen.

Und dann ist da noch das Thema „Bewegung"! Für einige von uns gehören körperliche Aktivitäten zu den Hobbys, bei denen wir entspannen können. An der Stelle habe ich richtig Glück, denn Ausdauersport wie Schwimmen oder Laufen ist für mich ein echter Kraftspender. Aber auch den Couchliebhabern kann ich nur empfehlen, regelmäßig Bewegung in den Alltag einzubauen – gerade dann, wenn unsere Berufung auch noch eine Menge Sitzen verlangt, wie das Sitzen an Krankenbetten, in Kirchen, im Ausländercafé, im Elternbeirat, im Ortsvorstand. Auf Dauer können wir das nur aushalten, wenn wir für körperlichen Ausgleich sorgen. Wenn Sport nun überhaupt nicht Ihr Ding ist, dann können Sie vielleicht wenigstens ab und an das Auto saugen, im Garten herumwühlen oder Ihre Putzeinheiten zu Hause als Bewegungszeiten ansehen und auf verschiedene Tage verteilen.

Natürlich kann man seine Hobbys, den Sport, die Erholung nicht unbedingt zu Stoßzeiten genießen, die wir alle kennen. Da wird es schon mal an Schlaf und Entspannung fehlen. Vielleicht sind wir dann sogar überdreht und haben Mühe, unser Gedankenkarussell zum Stillstand zu bringen. Selbst mit guten Hobbys fällt manchmal das Abschalten schwer. Möglicherweise helfen in solchen stressigen Zeiten Entspannungstechniken weiter.

Insgesamt werden die regelmäßigen Auszeiten uns auf lange Sicht helfen, auch belastende Zeiten gut durchzustehen. Es wird uns viel bringen, wenn wir Frauen uns um einen ausgeglichenen Lebensstil bemühen. Wir werden stärker darin, Herausforderungen zu begegnen. Wir können Schwierigkeiten und Probleme besser wegstecken und hinter uns lassen. Wir sind besser gefeit vor Anfechtungen. Selbstzweifel, Entmutigung, Kritik, Resignation, Kraftlosigkeit können uns viel mehr anhaben, wenn wir übermüdet und angespannt sind. An glücklichen und frischen Menschen dagegen kann manche Anfechtung einfach abperlen – so wie Wassertropfen auf einem gut gepflegten Autodach. Schon sind sie weg …

Tun Sie sich also regelmäßig etwas Gutes! Das wird Ihrer Berufung ganz viel nützen.

ZWISCHENMENSCHLICHE KONFLIKTE LÖSEN (4. STRATEGIE)

Neulich sollte ich ein Buch von mir Korrektur lesen – also mir die fertig gesetzten Seiten noch einmal genau ansehen. Während ich an der Arbeit war, merkte ich plötzlich, dass einige Sätze meines ursprünglichen Manuskriptes fehlten. Huch? Wo waren die denn hin? Ich fuhr meinen Rechner hoch und prüfte noch mehr Textstellen nach. Immer wieder gab es Sätze, die spurlos verschwunden waren. Mittlerweile leicht verärgert setzte ich mich daran, die Fehler nachzuarbeiten. Aber irgendwann waren es so viele Stellen, dass ich Kontakt mit dem Verlag aufnehmen musste. Ich war richtig frustriert und hatte schon allerhand negative Gedanken im Kopf, hauptsächlich in Bezug auf meine Ansprechpartnerin: Wer hatte da meinen Gesamttext einfach so verändert? Waren meine Sätze nicht gut genug? Warum sagte man mir die Kritik nicht direkt?

Ungefähr dreißig Minuten später bekam ich die Antwort des Verlages. Nichts dergleichen war geschehen. Bei der Herstellung ließen sich einige markante Sätze, die hervorgehoben werden sollten, so nicht drucktechnisch umsetzen. Diese Informationen waren bei meiner Ansprechpartnerin nicht angekommen und folglich auch nicht bei mir. Es waren also Kommunikationsprobleme, die mich zu Hause so ratlos gemacht hatten. Keiner hatte meinen Text ohne Grund geändert oder wollte mir das Leben durch Zusatzarbeit erschweren.

Das war ein relativ harmloses Beispiel. Natürlich habe ich schon schwierigere Situationen hinter mir und Sie wahrscheinlich auch. Tja, wenn die lieben Mitmenschen nicht um uns wären, dann wäre es oft viel einfacher mit unserer Berufung – so denken wir manchmal in heimlichen Stunden, wenn wir uns über jemanden ärgern. Der eine hat uns kritisiert, obwohl wir uns so viel Mühe gegeben haben. Die nächste hat den Termin vergessen und uns hängen gelassen. Eine andere spielt sich ständig in den Vordergrund und nervt damit die ganze Arbeitsgruppe. Einer sorgt nicht für die Dinge, die er übernommen hat. Jemand anderes platzt mit seiner Meinung heraus, statt erst einmal zuzuhören, wie es zu einer Entscheidung kam. Zwischenmenschliche Konflikte!

Sollten Sie eine kleine Bibliothek auf einer einsamen Insel leiten, dann haben Sie vielleicht keine Probleme dieser Art. Alle anderen Frauen haben sie schon ...

Ein paar „lösende Gedanken" zum Thema Konflikte:

- **Ich stelle mich auf Konflikte ein und bin nicht allzu überrascht über sie.**

Nicht deshalb, weil ich sie so toll finde, im Gegenteil. Einfach deshalb, weil ich weiß: Wenn man sich einsetzt, dann setzt man sich aus! Man setzt sich der öffentlichen Meinung aus. Die wird man früher oder später zu hören kriegen. Seit ich mit solchen Konflikten rechne, überraschen sie mich nicht mehr groß. Ich nehme sie genauso zur Kenntnis wie einen Schnupfen oder den Erfolg einer Sache.

- **Ich versuche, an einer Lösung mitzuwirken.**

Ich frage nach, ich melde mich zu Wort, ich suche das Gespräch. Mit meiner Ansprechpartnerin vom Verlag ging das schnell und einfach. In anderen Situationen ist das manchmal richtig anstrengend. Erst neulich hatte ich ein Gespräch mit einem Gemeindemitarbeiter, das mich sehr mitgenommen hat. Wir merkten beide, dass wir extrem unterschiedlich denken und kamen jeweils an unsere Grenzen. Aber wenn wir uns nicht ausgesprochen hätten, dann würde es keine Lösung nach vorn geben. Wir würden den Ballast weiter mitschleppen.

- **Ich übe mich im Segnen.**

Manchmal sind die Konflikte so kompliziert oder schwer zu lösen, dass es schwierig miteinander bleibt. Das spüren wir spätestens nach dem dritten Mal, wenn es zwischen uns und jemand anderem gekracht hat. Dann ist es wichtig, Gott zwischen uns zu stellen: Gottes Segen gilt dem anderen und mir – da sind wir trotz aller Unterschiede „gleich". Wir sind alle gleich abhängig von Gottes Segen. Immer wieder kann ich den anderen unter diesen guten Segen stellen. Das entlastet meine Gedanken und wird auf irgendeine Weise eine Verbesserung bringen.

Mithilfe dieser Gedanken kann sich manches Hindernis in Luft auflösen, was den weiteren Weg in unserer Aufgabe beschweren und belasten würde.[20]

BEREIT FÜR DEN „MARATHON“?

Gott traut uns zu, dass wir Verantwortung übernehmen.

Die Berufung, die Sie von Gott bekommen haben, ist vielleicht kein sechswöchiges Projekt. Möglicherweise ist für Sie und mich angesagt, einige Dinge richtig lange und ausdauernd zu übernehmen. Das weiß am Anfang der Arbeit aber noch keiner. Könnte doch sein, dass Sie den Kindergarten Ihrer Gemeinde einige Jahrzehnte leiten, die Kassengeschäfte eines Vereins viele Jahre führen, sich das Chorprojekt jährlich wiederholt, Sie bis zur Rente in Ihrem Beruf als Ärztin tätig sind?! Doch wird das nur gelingen, wenn wir einen gesunden, ausdauernden Lebensstil für uns finden und ihn auch praktizieren.

„Jeder achte genau auf sein eigenes Leben und Handeln, ohne sich mit anderen zu vergleichen. Schließlich ist jeder für sein eigenes Verhalten verantwortlich“ (Galater 6,4-5).

Diese Verantwortung wird uns zugetraut! Vielleicht wächst Ihnen und mir dadurch so viel ungeahnte Kraft zu, dass wir selbst nach einigen Jahren und vielen Kilometern unseres Marathons staunen? Wir können durchhalten! Wir können sogar richtig lange Zeiten unseres Lebens in unserer Berufung durchhalten! Wenn Gott uns an unserem Platz so lange braucht, dann schenkt er uns auch die nötige Ausdauer für gesunde Lebensstrategien!

Bisweilen ist
innerlich Schiffbruch erlitten zu haben,
selbst schon eine Art Berufung.

T. S. Eliot[21]

Kapitel 9

DAS HÄTTE ICH NIE GEAHNT: EIN ZWEITER ODER DRITTER ANFANG

BERUFUNG KANN SICH WANDELN.

Veränderung in der Berufung durch Lebenskrisen (Krankheiten, Einschränkungen, innere oder äußere Veränderungsprozesse). Die aktuelle Berufung finden. Unterstützende Ideen für neue Aufbrüche.

AM ENDE? AM ANFANG!

Ich war am Ende. Das ist nun über zehn Jahre her, aber immer noch weiß ich genau, wie sich das anfühlen kann, wenn man dort ist. Am Ende. Glücklos, freudlos, ziellos, haltlos, ohne Perspektive. Leer. Das in etwa war mein Zustand in meiner Lebenskrise. Wie manche andere auch traf sie mich in der Lebensmitte.

Im ersten Kapitel habe ich schon davon erzählt, wie es dazu kam. In dieser Phase war es für mich anfangs völlig unvorstellbar, irgendwie nach vorn denken zu können, geschweige denn, eine „Berufung" zu finden. Ich konnte nur zurückdenken und ehrlich benennen, was alles nicht mehr gehen würde.

Vieles war für mich zu Ende! Die „alte Kerstin" wurde losgelassen. Ich verabschiedete mich von meinem Leistungsdruck, meinem Perfektionismus, meiner Überheblichkeit, meiner Arbeitssucht. Ich löste mich von falschen Lebensvorstellungen, vielen, sehr vielen Ängsten, Grübeleien, falschen Gottesbildern, bereits gemachten Zukunftsplänen und inneren Abhängigkeiten. Ich lernte Selbstfürsorge und entdeckte Gefühle. Die Spitzen meiner Eisberge waren schnell erkennbar. Doch auch an die unter der Oberfläche verborgenen Bereiche musste ich noch heran. Die waren gut versteckt.

Leere! Nach so vielen, unendlich vielen Abschieden galt es, diese gähnende Leere auszuhalten. Das war anstrengend. Das machte keinen Spaß. Und dennoch war es die so wichtige Zeitspanne, die einen neuen Anfang ermöglichte. Gott sei Dank waren Menschen an meiner Seite. Sie sollten meine Leere nicht füllen, aber sie hielten mich damit aus, und jeder Einzelne von ihnen war ein stummer oder hörbarer Mutmacher für mich: Das Leben geht weiter! Mein Leben wird weitergehen!

Zu den wenigen Dingen, die mir meine Lebenskrise nicht geraubt hatte, gehörten meine Begabungen. Wie ein Kind stand ich nun noch einmal vor mir selbst und suchte meine Spuren. Gebrannte Kinder sind vorsichtiger, das ist klar. So stürmte ich nicht drauflos. Dazu war ich auch gesundheitlich überhaupt nicht in der Lage. Nur wenige Kräfte und wenig Zeit standen mir zur Verfügung, die ich aber gern sinnvoll einsetzen wollte. Und in diese Situation hinein hörte ich drei Worte: „Sie soll schreiben!" Dieser Hinweis kam von außen. Eine Frau, die mich in der damaligen Zeit intensiv begleitete, sagte ihn mir. Und er entsprach meiner eigenen Vorstellung für meine Zukunft.

Das war der Anfang meiner neuen Berufung. Keiner von uns wusste, ob und wie das funktionieren würde. Aber meine Lebenskrise hatte eine Lebensspur von mir noch einmal deutlich sichtbar gemacht: dass ich mein Innerstes beim Schreiben zum Ausdruck bringen konnte. In der Zeit meiner Krise hatte ich nämlich sieben Tagebücher gefüllt.

Diese Lebensspur hatte ihren Anfang in meinen Teenagerjahren. Denn bereits damals saß ich allein am Strand oder auf meiner Bettkante und schrieb eine Menge Gedichte und Gedanken auf. Warum sollte ich das Schreiben jetzt nicht auch für andere Menschen nutzen können? Warum sollte *Gott* das nicht nutzen können?

LAUTER KLEINE SCHRITTE

Eine zarte, schöne Hoffnung lebte in mir. Vielleicht könnte das mein Weg werden? Und so begann ich, einen ersten Artikel zu verfassen und anschließend abzuschicken. Ob der wohl abgedruckt würde oder ob ich ihn postwendend zurückerhielt? Er wurde abgedruckt. Ein erstes kleines Zeichen.

Bald darauf ergab es sich, dass ich mich weiter aus dem Fenster lehnen konnte. Ich bekam Kontakt zu einer Lektorin und brachte meine Themen ins Gespräch. Siehe da, eine zweite, viel größere Tür tat sich auf. Wir planten gemeinsam ein erstes Buchprojekt, das ich in Angriff nehmen wollte.

Nun hatte ich schon richtig Feuer gefangen. Es machte mir mehr und mehr Spaß, zu schreiben, zu überlegen, Ideen zu entwickeln, sie umzusetzen. Weitere Türen öffneten sich: Manche davon erforderten viel Mut und Engagement, andere zogen mich regelrecht an. Auf diese Weise wuchs ich in relativ kurzer Zeit in meine Berufung hinein. Zu dem ersten Wort „schreiben", gesellte sich ein zweites hinzu: „referieren". Auch da ergaben sich Möglichkeiten. Ich bekam Ideen für Themen und Kontakte zu Veranstaltern. Ich wagte etwas. Es gab Chancen für mich. Die Dinge entwickelten sich.

Kleine Schritte auf einem anscheinend richtig eingeschlagenen Weg führten zu viel Freude, echtem Glück, kleinen Erfolgen und wohl auch Segen.

Auch in diesem Bereich gab es alte Lebensspuren. In früheren Jahren hatte ich oft damit geliebäugelt, etwas in Richtung „Erwachsenenbildung" zu erlernen. Ich hatte aber nicht ausreichend Mut und Selbstvertrauen dazu gehabt, mich in diese Richtung zu bewegen.

Zwei alte Lebensspuren waren nun also der Hintergrund für meine sich entwickelnde Berufung. Als ich nach gut einem Jahr auf mein Leben zurückschaute – ich befand mich wohlgemerkt zu der Zeit immer noch in der nicht ausgestandenen Lebenskrise –, da konnte ich nur staunen!

Lauter kleine Schritte auf einem anscheinend richtig eingeschlagenen Weg führten zu viel Freude, echtem Glück, kleinen Erfolgen und wohl auch Segen. Wow! Mein Glück bestand nicht nur darin, dass mir meine Arbeit unverschämt viel Spaß machte, sondern auch darin, dass sie so gut zu meiner Lebenssituation passte. Ich konnte meine Zeit und die Projekte frei einteilen. Trotz meiner gesundheitlichen Einschränkungen war ich in der Lage, diesen Dingen nachzugehen.

Seit diesem zweiten Start hat es nicht einen Tag gegeben, an dem ich an meiner Berufung ernsthaft gezweifelt hätte oder mir gar etwas anderes gewünscht hätte. Viele kleine Schritte führten zu einer Sicherheit, am richtigen Platz zu sein. (Trotzdem kenne ich natürlich nach wie vor Gefühle der Mutlosigkeit und Unzulänglichkeit, wie sie wohl allen vertraut sind, die irgendetwas tun. Aber die verfliegen schnell wieder, vor allem dann, wenn ich mich Freunden anvertraue.)

Kaum hatte ich in meiner neuen Berufung ein wenig Fuß gefasst, da bemerkte ich: Das ist ja gar keine einmalige Erfahrung, es gibt viele Neuanfänger um mich herum ... In vielen Situationen begegneten mir Menschen, die sich mit ähnlichen Fragen beschäftigten. Oder beschäftigen mussten!

Einige von ihnen hatten gesundheitliche Probleme am Arbeitsplatz, andere spürten eine nagende Unzufriedenheit, einige standen kurz vor einem Burnout, wieder andere hatten ihren Arbeitsplatz durch Umzug, Kündigung oder Unfall verloren, einige spürten bereits deutlich eine neue Berufung oder veränderten sich innerlich. Jede Menge Neuanfänger! Denn die alten Wege passten einfach nicht mehr.

AUFBRÜCHE NACH LEBENSKRISEN

Aufbrüche in oder nach durchstandenen Lebenskrisen sind oftmals erheblich schwieriger als der Aufbruch ins Leben mit rund zwanzig Jahren. Wer ganz unten ist, der strotzt im Allgemeinen nicht vor Mut, Selbstvertrauen, Kraft und Neugier. Dabei wären solche Eigenschaften natürlich sehr nützlich, wenn wir etwas Neues wagen wollen. Aber: Krankheiten, Burnout oder andere Krisen haben die Kraft, Menschen auch innerlich ziemlich außer Gefecht zu setzen. Deshalb sind große Sprünge erst einmal gar nicht denkbar. Trotzdem habe ich in meinem Leben und im Leben anderer beobachtet, dass bei Krisengeschüttelten irgendwann die Zeit für einen Neuanfang reif wird. Wie sagt es ein Buchtitel so treffend? Lebenskrisen werden „Lebenschancen"![22] Genauso habe ich es erlebt: Irgendwann wurde meine Krise zu meiner großen Chance. Diese habe ich mit einer kleinen Portion Mut und Kraft zu nutzen versucht. Und wie haben andere Frauen das erlebt?

Bettina kann auf viele arbeitsreiche Jahre zurückblicken. Sie hat eine sechsköpfige Familie zu Hause, betreut außerdem ihre Eltern recht intensiv. Trotz dieser Verantwortlichkeiten beginnt sie nach einigen Jahren Elternzeit wieder vollzeitlich als Ärztin zu arbeiten. So möchte sie es, aber auch finanziell ist es nötig. Nach der Lebensmitte merkt sie, wie viele Kräfte sie in den letzten Jahren gelassen hat. Vor allem auch durch den Nachtdienst, der zu ihrem Beruf dazugehört. In mancher Nacht, wenn der Pieper sie eindringlich weckt und sie in kurzer Zeit handlungsfähig sein muss, fragt sie sich, wie lange sie das noch durchhalten kann. Sorgen, Kraftlosigkeit, Erschöpfung gehören zu ihrem Alltag. Ein Neuanfang ist für sie nirgends in Sicht.

Irgendwann wird sie von einem Bekannten angesprochen, der als Arzt nicht im Krankenhaus, sondern bei einem anderen Arbeitgeber arbeitet. Dadurch gewinnt ganz plötzlich eine Idee in ihr Gestalt: Vielleicht sollte ich den Arbeitgeber wechseln und umsteigen? Ein Buch, welches sie zum Geburtstag bekommt, fesselt sie und ermutigt sie, noch einmal neu nach ihrem Weg zu fragen und dafür zu beten. Außerdem werden ihr einige Auszeiten geschenkt: ein freies Wochenende am Meer, dann eine längere Bahnfahrt, während der sie sich Gedanken machen kann. Es arbeitet weiter kräftig in ihr: Sie beschäftigt sich stärker damit, wie ein anderer Alltag konkret aussehen könnte. Sie ahnt, dass die Einarbeitungszeit für sie mit großem Energieaufwand verbunden sein wird. Außerdem wird sie im neuen Arbeitsbereich wesentlich weniger verdienen. Aber sie hat auch Anlass, darauf zu hoffen, dass sie körperlich viel entlasteter sein wird: Die Nachtdienste werden wegfallen und sie hat geregelte Arbeitszeiten.

Bettina wagt es. Sie bewirbt sich. Und sie bekommt die Stelle. Dankbar und mit Elan arbeitet sie sich in neue Aufgabengebiete ein. Wenn sie spätnachmittags pünktlich Feierabend macht, kann sie manchmal kaum glauben, dass sie jetzt einen relaxten Feierabend vor sich hat statt eines stressigen Nachtdienstes. Ein völlig neues Leben beginnt für sie mit der beruflichen

Veränderung. Sie wagt diesen Neuanfang, bevor ihre Gesundheit in der alten Lebenssituation vielleicht gar nicht mehr mitgemacht hätte. Ihr Aufbruch hat sich auf jeden Fall gelohnt!

Alina ist Pfarrerin. Gegen Ende der Schulzeit ist für sie klar, dass ihre Berufung der vollzeitliche Dienst für Gott ist. In Deutschland. Als Pfarrerin. Das Studium bewältigt sie locker, da ihr alte Sprachen liegen und sie über eine gute Auffassungsgabe verfügt. Das Interesse für Theologie ist sogar so groß, dass sie noch eine Doktorarbeit anschließt. Auch die Praktika in Gemeinden verlaufen zufriedenstellend. Manche Ängste vor bestimmten Aufgaben wandeln sich in neue Sicherheit. Braucht sie anfangs Unmengen an Zeit, um eine Predigt zu erstellen, geht das nach einigen Jahren in wenigen Stunden. Gerade die Predigten sind es, mit denen Alina anderen Menschen sehr gut dienen kann – sie hat eine absolute Lehrbegabung.

Dennoch wird es für Alina im Gemeindedienst schwierig. Damit hat sie nicht gerechnet, auch ihre Ausbilder nicht. Nach und nach stellen sich gesundheitliche Probleme ein, die sie zunächst hinnimmt. Als sie immer mehr zunehmen, tritt sehr deutlich die Frage in ihr Leben, ob sie sich beruflich noch einmal verändern müsse. Sie fängt an, sich zu beobachten. Sie nimmt wahr, was ihr im Beruf leicht fällt und gut von der Hand geht. Sie erkennt aber auch, was sie beschwert, was an ihr zehrt, was sie auslaugt und welchen Aufgaben sie sich nicht gewachsen fühlt. Es ist eine schwere Zeit. Wenn es hier nicht um ihre Berufung ginge, an die sie sich gebunden fühlt, könnte sie einfach sagen: Dann mache ich eben etwas anderes! Das ist in diesem Fall nicht so einfach.

Im Verlauf eines langen inneren Prozesses kann sie sich irgendwann vorstellen, auch an anderer Stelle als im Gemeindedienst ihre Berufung, Gottes Liebe zu verkündigen, umzusetzen. Die Berufung zum Lehren bleibt also, doch das Aufgabenfeld verändert sich, weil sie es nun nicht mehr in einer Ortsgemeinde tut. Stattdessen findet sie eine Anstellung in einem christlichen Verlag. Das Erstaunliche geschieht: Die meisten der gesundheitlichen Probleme verschwinden aufgrund dieser Veränderung.

Wäre Alina nicht auf die Anfragen ihres Körpers eingegangen, dann hätten sich wahrscheinlich immer neue Krankheiten eingestellt. Diese hätten ihr den Berufsalltag sehr erschwert und ihr viel Lebensqualität genommen.

Im neuen beruflichen Umfeld kommt sie gut zurecht: Sie muss keinen neuen Studiengang absolvieren, sondern kann sich mithilfe von anderen Mitarbeitern selbstständig einarbeiten. Einige Monate später bemerkt sie: Es geht ihr gesundheitlich besser, sie ist zufriedener und letztlich profitiert ihre ganze Familie davon. Gott kann sie am neuen Arbeitsplatz sehr gut gebrauchen, weil sie nun viel mehr Menschen als früher erreichen kann – schriftlich! Sie spürt es auch an dem Feedback, das sie bekommt. Auch Alinas Aufbruch hat sich voll gelohnt.

Claudia ist Mutter. Das war ihre Berufung, in der sie gern und fröhlich gelebt hat. Nun sind die Kinder flügge und bauen sich ihre eigene Zukunft auf. Außerdem hat sie sich lange Zeit pflegend in der Verwandtschaft eingebracht, bis der Angehörige starb. Nun ist sie erstmals seit langer Zeit völlig frei von Verpflichtungen – und das genießt sie. Ein Jahr lang gönnt sie sich, um wieder ausreichend zum Lesen zu kommen und sich auch körperlich zu erholen. Plötzlich hat sie kaum noch Termine und damit jede Menge Möglichkeiten. Das tut ihr richtig gut. Mitunter schleichen sich allerdings auch Fragen ein: War es das schon mit meinem Leben? Warte ich jetzt nur noch auf die Enkelkinder? Oder kommt da noch was? Aber was sollte bei mir schon kommen?

Die Berufung bleibt, aber die Arbeitsstelle ändert sich.

Bevor sich die Fragen zu einer Krise ausweiten können, geschieht etwas. Claudia wird ganz unerwartet für die Gemeindeleitung vorgeschlagen. Claudia in leitender Funktion? Sie, die bisher in Krabbelgruppen, Schulen und im Altersheim zu Hause war, soll plötzlich mehr Verantwortung in einer Gemeinde übernehmen? Alle Zweifel, die man nur irgendwie haben kann, brechen über sie herein: Das kann ich doch gar nicht. Das habe ich noch nie gemacht. Ich kann mich nicht so gut vor anderen Leuten behaupten. Sicher muss ich da auch gut reden können. Habe ich denn überhaupt die Begabung dafür?

Dann nimmt Gott sie an die Hand und zeigt ihr durch Gespräche mit anderen, dass er sie genau so, wie sie ist, dort gebrauchen kann: mit ihrem Blick für andere Menschen. Mit ihrer feinen, mitfühlenden Art. Mit ihrer Dienstbereitschaft. Mit ihrer Offenheit. In Krabbelgruppe, Schule und Altersheim hat sie früher geschaut, ob es anderen Menschen gut geht. Genau das wird sie nun in der Gemeinde machen.

In einem Prozess des inneren Wachstums beschäftigt sie sich neu mit ihren Begabungen, sammelt Mut und ist schließlich bereit, sich der Wahl zur Gemeindeleitung zu stellen. Claudia wird dort nicht die Visionärin sein, die jedes halbe Jahr mit einer neuen packenden Idee aufwartet und alle damit ansteckt. Sie wird die Leitungsaufgabe mit ihrer freundlichen, leisen, hilfsbereiten Art ausfüllen. Und die Menschen werden dadurch jede Menge Segen empfangen. Man ahnt es bereits nach wenigen Wochen: Claudias Aufbruch wird gelingen!

BIN ICH OFFEN ODER ZU?

Jede der Frauen, von denen ich in diesem Kapitel erzählt habe, ist irgendwann innerlich an einen Wendepunkt gekommen. An dieser Stelle stand das Wort: Entscheidung! Ich muss eine Entscheidung treffen, ob ich so weitermache wie bisher – koste es, was es wolle. Oder ob ich für etwas Neues offen bin. Unter anderem können Krankheiten oder gesundheitliche Einschränkungen sowie innere Wachstumsphasen Frauen bereit machen, neue Wege zu gehen.

Am Wendepunkt steht ein Wort: Entscheidung!

Diese Grundentscheidung ist die Wende im persönlichen Leben, obwohl vielleicht noch gar nichts Großes passiert. Man hat noch keine Bewerbungen abgeschickt oder neue Ziele ins Auge gefasst. Aber dennoch ist etwas Wichtiges geschehen: Frau hat für sich gemerkt, dass es keinen Weg mehr zurück gibt. Es gibt nur noch einen nach vorn.

Für diesen neuen Weg kann man ein bisschen „Proviant" gut gebrauchen. Diesen möchte ich Ihnen im Folgenden vorstellen:

SELBSTVERTRAUEN UND GOTTVERTRAUEN STÄRKEN

Für einen neuen Weg braucht man jede Menge Selbstvertrauen. Und das ist gerade in Krisen, speziell auch in Berufungskrisen, nicht so umfangreich vorhanden. Im Gegenteil: Krankheiten, problematische Erfahrungen am Arbeitsplatz, Selbstzweifel, Unsicherheiten, schlechte Erfahrungen können uns Frauen mutlos machen. Deshalb ist es in dieser Phase ganz wichtig, zu schauen, was uns stärkt.

Für mich waren das Dinge, die in diesem Buch schon zur Sprache kamen: die Spurensuche, die Gottessuche und die Menschensuche. Im Grunde fängt man nämlich noch mal ganz von vorn an – man liest und lebt sozusagen dieses Buch von vorn ...

Spurensuche? Vielleicht denken Sie: Ich bin mir doch bekannt! Was soll ich mich diesen ganzen Fragen stellen? Sie können sich ihnen stellen, weil Gott Sie so gut und einmalig gemacht hat – und weil Sie immer noch mehr an sich entdecken werden. Keine Krise, die Sie erleben werden, rüttelt an dieser Zusage. „Ich danke dir, dass du mich so herrlich und ausgezeichnet gemacht hast! Wunderbar sind deine Werke, das weiß ich wohl" (Psalm 139,14). Vielleicht singen Sie das gerade nicht laut vor sich hin, aber Sie können sich daran festhalten, weil Gott schon vor langer Zeit so viel Gutes in Ihnen angelegt hat. So kann es sein, dass Sie auf Ihrer Suche Spuren von sich finden, die verschüttet waren, oder alte Träume, die noch nicht ausgelebt wurden. Diese können Sie in neue, passendere Richtungen führen.

Gottessuche? Sie ist für mich in diesen wichtigen Lebensfragen unersetzlich. Keine Krise kann daran rütteln, dass Gott ein redender Gott ist: „Der mächtige Gott, der Herr, spricht und ruft der ganzen Erde vom Osten bis zum Westen zu" (Psalm 50,1). Gott spricht! Er hat Freude am Reden und Hören. Er hat ein uneingeschränktes Interesse an gelingendem Leben. Deshalb lohnt es sich, sein Reden zu erwarten und in jeder Hinsicht dafür offen zu sein. Ich selbst konnte mir am Anfang der Krise in keiner Weise vorstellen, wie das gehen kann. Aber ich habe es deutlich und Mut machend erlebt. So werde ich es wieder erwarten, sollte in meinem Leben noch eine weitere „Berufungskrise" kommen.

Menschensuche? Freunde und Mentoren können in schweren Zeiten eine unersetzliche Hilfe sein. Dadurch bekommt man eine Außensicht auf das eigene Leben. Das kann total ermutigend, motivierend und unterstützend sein. Keine Krise, die Sie erleben, wird echte Freundschaften kaputtmachen. Vielmehr bewähren sich die wirklich guten Beziehungen in schweren Zeiten.

„Ohne guten Rat scheitern die meisten Pläne" (Sprüche 15,22). Die Pfarrerin Alina hatte einige gute Freunde, die ihr Rat geben konnten. Manche hatten ihr eine schriftstellerische oder lehrende Aufgabe sogar schon Jahre vorher empfohlen, als sie selbst noch nicht so weit war. Als sie dann neue Ziele ins Auge gefasst hatte, gratulierten ihre Freunde ihr von ganzem Herzen zur neuen Berufsidee. Ihre Ratgeber spürten: Das passt zu Alina!

Freunde können einen aber auch bewahren. Denn was wäre gewesen, wenn Alina ihre Berufung, Gottes Liebe weiterzusagen, einfach weggeworfen hätte und stattdessen auf Bibliothekarin umgesattelt hätte? Natürlich hätte sie das machen können. Selbstverständlich ist auch das ein toller Beruf. Aber es hätte nicht ihrer speziellen Berufung entsprochen. Sicherlich hätten einige von Alinas Freunden dann Bedenken angemeldet. So aber stärkten sie ihr den Rücken und fegten durch ihr Vertrauen in Alinas Können manche Selbstzweifel weg.

GELD NICHT SO WICHTIG NEHMEN

Die Frage nach unserer Berufung wird uns auch im zweiten oder dritten Anlauf unseres Lebens eher selten finanziell reich machen. Geld kann nicht das ausschlaggebende Kriterium sein, wenn wir neu aufbrechen müssen. Eine neue Berufsentscheidung, eine reduzierte Stundenzahl im Beruf, Verzicht auf eine Berufstätigkeit um einer anderen ehrenamtlichen Berufung willen – das sind Entscheidungen, die uns nicht unbedingt auf der Karriereleiter nach oben bringen. Es kann so sein, aber es wird eher die Ausnahme bleiben. (Mir ist im Augenblick keine Frau bekannt, die sich nach der Lebenskrise und dem Neustart finanziell besser steht als früher. Aber das ist nur meine Erfahrung; sicher ist das Gegenteil auch denkbar. Vielleicht kommen verborgene Talente an die Oberfläche, die auch finanziellen Segen mit sich bringen?)

Ich kenne viele Frauen, die andere Wege gewagt haben und heute nicht „reicher" sind als früher. Manche haben sogar bewusst auf Geld verzichtet, weil ihnen andere Dinge wie Sinn oder Gesundheit viel wichtiger waren. Aber: Sie sind immer versorgt gewesen! Das ist ein ganz wesentlicher Unterschied! Gott sagt uns seine Versorgung zu, materiellen Reichtum und Luxus hat er allerdings nicht versprochen.

Gott sagt uns seine Versorgung zu, materiellen Reichtum und Luxus hat er nicht versprochen.

„Ihr könnt nicht gleichzeitig Gott und dem Geld dienen. Darum sage ich euch: Sorgt euch nicht um euer tägliches Leben – darum ob ihr genug zu essen, zu trinken und anzuziehen habt. Besteht das Leben nicht aus mehr als nur aus Essen und Kleidung? (...) Wenn sich Gott so wunderbar um die Blumen kümmert, die heute aufblühen und schon morgen wieder verwelkt sind, wie viel mehr kümmert er sich dann um euch?" (Matthäus 6,24b-25.30).

Obwohl das vielen von uns theoretisch klar ist, ist es trotzdem oft nicht fest in unseren Herzen verankert. Denn wir leben in einer vom Materialismus geprägten Welt. Die hat Einfluss auf uns, ob wir das wollen oder nicht. Wer also tief in seinem Herzen auf die oft unbewusste Hoffnung stößt, mit einem zweiten oder dritten Aufbruch nun doch endlich finanziell das große Los zu ziehen, der sollte seine Erwartungen noch einmal überprüfen.

Andererseits dürfen wir aber auch keine blinden Entscheidungen treffen – das wurde im sechsten Kapitel schon deutlich. Wir sollten durchrechnen, ob wir als Single oder als Familie mit dem Budget klarkommen. Vielleicht stehen wir finanziell sogar besser da? Wenn nicht: Werden die kleinen Einschränkungen, die uns möglicherweise erwarten, nur „Luxusprobleme" sein? Oder gibt es größere Einschränkungen und geht es damit bis ans Existenzminimum?

Für manche von uns sind es vielleicht richtig schwierige Fragen, die wir da zu klären haben. Dennoch sollte die wichtige Lebensentscheidung, vor der wir stehen, nicht von Luxuswünschen her motiviert sein.

SINN UND SEGEN SUCHEN

Statt Geldsucher sollten wir Sinnsucher sein! Was ergibt jetzt Sinn für mein konkretes Leben, mit meinen Begabungen, mit meinen vorhandenen Kräften, in der zur Verfügung stehenden Zeit? Diese Fragen führen weiter! Sie führen zu einer Lebensqualität, die schlicht und ergreifend „Glück" heißt.

Die Pfarrerin Alina, die nun im Rahmen einer Verlagstätigkeit von Gottes Liebe schreibt, hat dieses Glück gefunden. Was sie tut, ist absolut sinnvoll für sie. Es entspricht ihren Gaben und Kräften in weit größerem Maß als ihre Gemeindetätigkeit. Deshalb kann sie heute so oft voller Frieden und Dankbarkeit an ihre Arbeit denken. Es ist erfüllend für sie, was sie jetzt tut!

Gleichzeitig entsteht für andere Menschen durch ihre Arbeit ein großer Segen! Alina ist produktiv. Sie schreibt so, dass Menschen Zusammenhänge der Bibel verstehen, die ihnen vorher unverständlich waren. Sie bringt Themen in die Öffentlichkeit, die für manche neu, anstößig und interessant sind. Das alles lässt Menschen im Vertrauen zu Gott wachsen und verhilft ihnen zu einem vertieften Glauben.

Claudia, die sich nun in der Gemeindeleitung engagiert, wird viel Vertrauen geschenkt. Da gibt es so manches Gemeindeglied, das sich ihr gegenüber öffnet und ihr Sorgen anvertraut. Andere fühlen sich sehr von ihr unterstützt und empfinden das so, als wenn Gott selbst neben ihnen steht und sie stärkt.

Ich selbst erlebe meinen Aufbruch ganz ähnlich wie Alina. Immer wieder erzählt oder schreibt mir jemand, was ein Artikel, eine Geschichte oder ein Referat von mir bewirkt hat. Da werden Gedanken angestoßen, da stellen sich Frauen oder Männer unbequemen Fragen. Wenn ich das höre, dann ist das für mich Segen. Ich empfinde ein tiefes Glücksgefühl, das nicht mit 1000 Euro zu ersetzen ist. Ich weiß, ich bin am richtigen Platz. Ich will sehr gerne meine Berufung weiter leben.

Vielleicht haben Sie diesen „Sinn“ so noch gar nicht erlebt, weil Sie im ersten oder zweiten Anlauf an der falschen Stelle gelandet sind. Vielleicht hört sich das alles für Sie äußerst theoretisch an, weil Sie nicht wissen, wie sich das anfühlen kann. Aber es ist nie zu spät, nach Sinn und Segen zu suchen. Das Leben ist zu kurz und zu wertvoll, um es nicht voll auszuschöpfen. Frauen, die aufbrechen, sind solche, die ihr Leben sinnvoll nutzen wollen. Gut so. Man kann ihnen nur dazu gratulieren!

Wenn Ihnen neue Ideen für Ihre Zukunft vor Augen stehen, dann malen Sie sich einmal ganz realistisch aus, welcher Sinn dadurch in Ihr Leben kommen kann und welcher Segen dadurch für andere entstehen wird. Da können Sie ruhig ein bisschen träumen und herumspinnen. Das wird Ihnen Flügel verleihen und Sie voranbringen! Übrigens gilt das für jede Art von Berufung: für die anscheinend „große“, wenn Frau einen neuen Beruf sucht; ebenso aber auch für die anscheinend „kleine“, wenn Sie nur ein kleines Zeitfenster pro Woche für eine ehrenamtliche Aufgabe zur Verfügung haben. Beispielsweise steht Ihnen vielleicht als noch jüngere Witwe vor Augen, dass Sie für eine Nachbarfamilie Leih-Oma werden wollen. Dann suchen Sie einmal Sinn und Segen, für Sie und die Nachbarn ... Sie werden nicht lange suchen müssen!

Sinnsuche ist die beste Suche, der wir uns hingeben können. „Findet der Mensch einen Sinn, dann ist er – wenn es nötig sein sollte – auch bereit, Verzicht zu leisten, Leiden auf sich zu nehmen, Opfer zu bringen, ja sein Leben zu opfern. Umgekehrt aber, wenn er um keinen Sinn des Lebens weiß, dann pfeift er aufs Leben, auch wenn es ihm äußerlich noch so gut gehen mag, und unter Umständen wirft er es dann weg. Trotz Wohlstand und Überfluss.“[23] Ich wünsche Ihnen, dass Sie eine Sucherin werden!

HERAUSFORDERUNGEN MUTIG ANNEHMEN

Petrus, der Jünger Jesu, ist einer der vielen, die eine neue Berufung bekamen. Sie erreichte ihn in einem Gespräch mit Jesus, dessen Wirkungszeit auf dieser Erde damals fast beendet war. Jesus gab ihm eine kurze, deutliche Aufforderung mit auf den Weg: „Hüte meine Schafe“ (Johannes 21,15b). Drei Worte, das waren nicht gerade viele. Aber für Petrus sollte es genügen, um zu wissen, woran er sich in den nächsten Jahren halten sollte. Es war keine Anweisung dafür, wie ein israelitischer Schafhirte mit Tieren umzugehen hatte. Vielmehr sollte sich Petrus um Menschen kümmern.

Eine Herausforderung anzunehmen kostet etwas, aber ist nicht unmöglich.

Allerdings wurde ihm keine Gebrauchsanweisung mitgeliefert, wie das denn nun zu tun sei. Jesus vertraute darauf, dass in Petrus die Gaben waren, um dieser Aufgabe gerecht zu werden. Petrus beantwortete dieses Vertrauen mit Taten. Er nahm die Herausforderung mit seinem ganzen Leben an. Und das, obwohl sein Lehrer und Freund Jesus kurz darauf nicht mehr sichtbar bei ihm war.

Er wusste damals nicht, dass er dafür reisen und Menschen besuchen würde. Er wusste nicht, dass er Gespräche führen müsste und Briefe schreiben sollte. Er wusste nicht, wie vergesslich andere Christen sein konnten und dass es auch Teil seiner Aufgabe sein würde, sie an Wesentliches zu erinnern. All das entwickelte sich nach und nach.

Petrus wuchs in seine neue Berufung hinein, indem er sich Schritt für Schritt den Herausforderungen stellte, die auf ihn zukamen – Fehler und Misserfolge eingeschlossen. Das ist sehr, sehr beeindruckend! Wie gesagt: Wir können uns von ihm abgucken, wie man vertrauensvoll in seine eigene Berufung hineinwachsen kann. Andererseits ist es aber auch kein Weltwunder, von dem ich hier berichte. Jede von uns kann das erleben: Wir können uns der eigenen Herausforderung stellen und sie mutig annehmen!

Wenn Sie in eine Krise hineingeraten sind, sich irgendwann für einen neuen Weg geöffnet haben, Ihre Spuren neu gesucht haben und vielleicht sogar Gottes aktuelle Herausforderung an Ihr Leben gehört haben, dann geht es Schritt für Schritt weiter. Sie werden Ihren neuen Aufbruch gestalten können!

Bei Bettina, der Ärztin aus diesem Kapitel, die sich auf eine andere Stelle beworben hat, war das eine gewaltige Veränderung in kurzer Zeit. Bei anderen können es auch viele kleine Schritte auf einem langen Weg sein, die sie in ihr „neues Ding“ hineinwachsen lassen.

Eine neue Berufung kann sehr herausfordernd sein! Das steht außer Frage. Aber wenn wir ein inneres Ja dazu gefunden haben, dann werden auch die nächsten Schritte klar und deutlich werden. Ein spannender, neuer Weg fängt an …

DAS KLEINE MAß ACHTEN

Vielleicht hat Ihre Lebenskrise auf den Punkt gebracht, dass für Sie keine großen Sprünge mehr möglich sind. Es kann sein, dass Sie besonders eingeschränkt sind. Das kann Ihre körperlichen oder psychischen Kräfte betreffen oder sogar beide Bereiche. Im Moment ist es nicht „besser“ mit Ihnen. Vielleicht ahnen oder wissen Sie sogar, dass sich das auch nicht mehr ändern wird. Es steht also nur ein „kleines Maß“ an Kraft oder Spielraum zur Verfügung. Einige Frauen, von denen in diesem Buch die Rede war, kennen solche Erfahrungen.

Wenn es so ist, dann ist es besonders wichtig, nach der persönlichen Berufung zu fragen. Denn was nützen wir der Welt und uns selbst, wenn wir in Selbstmitleid versinken? Oder was nützen wir, wenn wir unter unseren Möglichkeiten leben, weil wir eine Berufung nur für hundertprozentig einsatzfähige Frauen für möglich und realistisch halten? Diese Messlatte entspricht vielleicht an vielen Stellen unserer Erfahrung in der Arbeitswelt. Sie entspricht aber nicht dem Reich Gottes. Gott misst mit seinem eigenen Maß und das ist auf jeden Fall individuell, gerecht und barmherzig. Lesen Sie dazu einmal das Gleichnis von den drei Dienern (Matthäus 25). Gleichzeitig fordert Gottes Art uns heraus. Denn in dem erwähnten Gleichnis wünscht er sich auch von den Dienern, die weniger anvertraut bekommen, dass sie mit ihren Pfunden „wuchern“, sie also vermehren sollen! Vermehren statt verkümmern lassen ist die Devise, auch für alle Frauen, die ein kleines Maß anvertraut bekommen haben!

Gott achtet Ihr persönliches Maß, auch wenn es klein ist.

Ist das nicht eine riesengroße Ermutigung? Lässt uns das nicht aufatmen, die Schultern straffen und innerlich lächeln? Mich macht dieses Gleichnis glücklich, denn ich sehe mich im persönlichen Gespräch mit meinem Schöpfer. Der weiß genau, was er mit mir vorhat. Und ich möchte bereit sein, auf seine Ideen mit mir einzugehen. Ich möchte nicht nach links und rechts schauen, was andere so tun, bewegen, umsetzen oder sein lassen, verkümmern lassen, vergraben. Ich will meinen Weg gehen.

Falls Sie sich an dieser Stelle angesprochen fühlen, dann lade ich Sie herzlich ein, Ihr ganz persönliches Maß zu sehen und zu achten. Gott tut es auch!

ES IST NICHT IMMER EINE KRISE NÖTIG

Ein letzter Gedanke sollte noch ergänzt werden: Für eine neue, zweite oder dritte, Berufung ist natürlich keine Lebenskrise nötig! Sie kann sich auch einfach so entwickeln.

Erinnern Sie sich noch an Inge aus Kapitel sechs, die ihre kranke Freundin lange Zeit begleitete? Oder an Simone, die Bankerin, die eine Zusatzausbildung starten wollte? Oder an Anke, die zur Hausmeisterin und Organisatorin wurde? Sie stehen für viele Frauen, die ohne Lebenskrise eine neue Berufung fanden und sie angenommen haben.

Es muss also nicht immer ein ausgewachsenes Problem vorliegen, wenn sich eine neue Berufung anbahnt. Möglicherweise haben wir einfach noch nie nach ihr gefragt und beginnen erst jetzt, sie zu suchen und zu finden. Es kann auch „einfach so" geschehen, weil Gott zu uns spricht und uns sagt, dass er uns woanders gut gebrauchen kann. Oder weil noch weitere Gaben in uns angelegt sind, die jetzt zur Entfaltung kommen sollen. Bei Petrus war es die Begabung, ein „Pastor der ersten Christen" werden zu können.

Vielleicht gibt es auch in Ihrem Leben noch Gaben, die entfaltet werden wollen? Oder gibt es Ideen, die in Ihrem Herzen schlummern? Vielleicht liegen da in einer Schublade schon Pläne für ein Café vor Ort, das Sie mit einem Team gemütlich einrichten wollen, damit es eine Oase für andere Menschen wird? Vielleicht geht Ihnen irgendeine Einrichtung nicht mehr aus dem Sinn: das Frauengefängnis, die Tafel, das Seniorenheim gegenüber, das Asylantenwohnheim? Vielleicht steht Ihnen ein bestimmter Mensch vor Augen, um den Sie sich kümmern wollen? Oder Sie haben einfach nur einen langjährigen Traum, der in Ihnen lebt: Ich würde so gern …

Es kann ohne Weiteres sein, dass hier Ihr Neuanfang schlummert. Ihre neue Berufung, die zu Ihnen passt! Ich möchte Ihnen noch einmal Mut machen, Ihre persönliche Jetztzeit zu nutzen. Gönnen Sie sich doch irgendwo einen Tag Auszeit (oder sogar mehrere) und gehen Sie Ihren persönlichen Herzenswünschen und Ideen nach! Werden Sie in Bezug auf Ihre bisher vergrabenen oder nur zaghaft angedachten Visionen konkret! Fangen Sie an, Ihrem Traum eine Gestalt zu geben! Vielleicht sind Sie am Ende Ihrer Auszeit völlig erstaunt, was da alles auf Ihrem Zettel steht und wie realistisch es ist.

Es muss nicht immer eine Krise vorliegen, wenn sich eine neue Berufung anbahnt.

Ja, es braucht Mut und Kraft, etwas Neues zu starten. Aber sind wir mal ganz ehrlich: Kennen Sie irgendjemanden in Ihrer Umgebung, der etwas Neues wagte und dafür hauptsächlich Gelächter und Verachtung erntete? Ich kenne keinen. Vielmehr kenne ich Männer und Frauen, die sich zum Teil mit viel Zögern und Zaudern an Dinge herangewagt haben. Oft haben sie auf diesem Weg Unterstützung und Hilfe bekommen. Und schließlich haben sie eine tiefe Erfüllung gefunden, und sehr oft sogar Bewunderung und Anerkennung. Und sie haben anderen Menschen Segen gebracht. Davon soll im nächsten Kapitel noch die Rede sein.

GLÜCK GEWINNEN

Während ich an diesem Kapitel schreibe, wird mir etwas Erstaunliches klar und deutlich: Sie haben alle gewonnen!

All die vielen Frauen, die wie ich selbst in einer Krise beladen, krank, frustriert, suchend und sorgenvoll waren, haben später gewonnen. Ebenso die Frauen, die ohne Krise einen Neuanfang gewagt haben.

Es fällt mir tatsächlich nicht eine einzige Person ein, die sich durch diese mühevollen Erfahrungen durchgekämpft, anschließend einen Aufbruch gewagt und damit eine Bruchlandung produziert hat. Im Gegenteil! Alle haben gewonnen! Und mit ihnen ihre Familien! Ebenso die Menschen und Institutionen, für die sie sich einsetzen.

Ist das nicht die beste Motivation, die ich Ihnen mitgeben kann?

Es steht eine Menge Lebensglück auf dem Spiel. Und weil ich Ihnen dieses Lebensglück von Herzen wünsche, mache ich Ihnen Mut, Ihren vielleicht erlittenen Berufungsknacks zu überwinden und gestärkt etwas Neues zu wagen!

Verlierer sind die anderen. Die, die nichts gewagt haben. Die, die nicht suchten und fragten und hörten, sondern einfach das weitermachten, was sie vorher taten. Koste es, was es wolle. Denen die eigene Gesundheit nicht so kostbar war, dass sie dafür sorgen wollten. Denen der Frust noch immer nicht groß genug war, um etwas ändern zu wollen. Denen ihr persönliches Leben nicht so wichtig war, dass auch sie selbst damit glücklich werden wollten. Denen vielleicht auch eine Menge Geld oder ein bestimmtes Amt wichtiger waren als Gesundheit, Sinn und Segen.

Das sind die Verlierer! Vielleicht kennen Sie sogar einige persönlich. Das sind die, die zu Ihnen sagen: „Ach, weißt du, die zehn Jahre bis zur Pensionierung kriege ich auch noch rum." Oder: „Jeder hat ja sein Wehwehchen!" Oder: „Es wird einem halt nichts geschenkt." Natürlich kann man so leben.

Man kann sich aber auch für das Glück entscheiden!

Werden Sie eine Glückssucherin! Werden Sie eine Gewinnerin! Indem Sie aufbrechen, sind Sie schon am Gewinnen! Das Leben ist nicht immer leicht und verläuft selten geradlinig. Leider bleibt so manche Frau nicht davon verschont, richtig „unten durch" zu müssen. Vielleicht stehen Sie vor existentiellen Fragen, einer ruinierten Gesundheit, Arbeitslosigkeit, nagender Unzufriedenheit oder einer schwierigen Familiensituation. Egal, was Ihre Berufungskrise ausgelöst hat, es gibt Schritte nach vorn. Keine von uns muss „ganz unten" stehen oder gar liegen bleiben. Mit Gottes Hilfe können wir aufstehen und einen zweiten oder dritten Anfang wagen!

Den Sinn des Lebens gewinne ich nur,
wenn ich die Erfüllung meines Lebens finde,
wenn ich also das verwirkliche,
wozu ich entworfen bin.

Helmut Thielicke[24]

Kapitel 10

DAS UND NICHTS ANDERES: VOM GLÜCK, AM RICHTIGEN PLATZ ZU SEIN

BERUFUNG IST LEBENSERFÜLLUNG.

Berufung schenkt innere Erfüllung, Glück, Befriedigung. Für andere Menschen oder „Dinge" fließt daraus Segen. Berufung bleibt spannend und ist ein lebenslanger Prozess.

DIESE AUSSTRAHLUNG!

Als ich sie kennenlernte, spürte ich es Christine nach kurzer Zeit ab: ihr Lebensglück! Und das bei *dem* Alltag! Ihre Berufung besteht darin, als Seelsorgerin und Therapeutin zu arbeiten. Mit Leidenschaft und großer innerer Bereitschaft schenkt sie Menschen Tag für Tag ihre Zeit, damit diese sich an die Lasten ihres Lebens herantasten, sie aussprechen und Befreiung finden. Sitzen, hören, mitdenken, mitfühlen, Gott fragen, loslassen. Das ist ihr Tagewerk. Und es passt so sehr zu ihr.

Ihr Alltag besteht aus Dingen, die man planen kann: Terminen mit Menschen. Dann kommen die spontanen Herausforderungen dazu: Telefonate und Mails. Darin dann Hiobsbotschaften, die ihren Alltag auf den Kopf stellen. Denn immer wieder muss sie fragen: Was ist jetzt dran? Was ist jetzt gerade nötig? Was kann warten? Welcher Mensch kann gerade nicht warten?

In diesem Mix aus Geplantem und Spontanem lebt sie ihre ganz persönliche Berufung aus. In der Zweierbeziehung mit den Ratsuchenden kann sie ihre ganz großen Gaben entfalten.

Sie liebt nicht die vielen schrecklichen Nöte, die ihr anvertraut werden, aber sie möchte von ganzem Herzen für die unterschiedlichen Menschen mit ihren Fragen da sein. Was ich nicht an ihr erlebe, ist Hektik, Unruhe, Genervtsein, Unfrieden, Langeweile, Abgestumpftheit. Vielmehr spüre ich

Glück, innere Harmonie, Freude, Ausgeglichenheit, Ruhe, Zufriedenheit. Hier lebt ein Mensch, der „sein Ding“ gefunden hat! Christine ist sehr, sehr fleißig, empfindet die vielen Termine und Aufgaben aber nicht als Problem. Sie reserviert sich nämlich auch andere Zeiten, in denen sie sich regeneriert und faul sein kann.

Das, was sie lebt, hat eine unglaubliche Ausstrahlung – eine Frau, die ihre Berufung glücklich auslebt!

Eine andere Person mit überzeugender Ausstrahlung ist für mich ein Mann; es ist Paulus. Als Apostel hat er begeistert, engagiert und hingegeben gelebt. Er hat Gemeinden aufgebaut und begleitet. Damit hat er für die Entstehung der weltweiten Gemeinde Jesu den Grundstein gelegt. Er sagte von sich selbst:

„Doch was immer ich jetzt bin, das bin ich durch die Gnade Gottes – und seine Gnade blieb in mir nicht ohne Wirkung. Denn ich habe härter gearbeitet als alle anderen Apostel, doch nicht ich habe gearbeitet, sondern Gott, der durch seine Gnade durch mich wirkte“ (1. Korinther 15,10).

Frauen und Männer können also ihr ganz persönliches „Ding“ finden. Sie können in ihre Lebensberufung hineinwachsen. Und wenn sie darin leben, dann werden sie selbst – und ihre Umgebung – davon profitieren.

DAS GEHEIMNIS EINES TIEF GLÜCKLICHEN LEBENS

Es ist ganz natürlich, dass wir alle in unserem Leben Glück finden wollen. Glücklich sein! Lebensglück genießen!

Sehen wir Werbung im Fernsehen, dann wird uns klargemacht: Durch Dinge, die wir anschaffen oder erleben können, wird das schon werden ... Die Menschen, die in diesem Buch mit ihrem Leben zur Sprache kamen, haben uns allerdings anderes erzählt. Ich finde, dass sie das überzeugend und kraftvoll getan haben.

Ein von tief innen glückliches Leben ist nicht erst dann zu finden, wenn wir endlich ein volles Konto haben und uns deshalb viel leisten können. Es besteht nicht hauptsächlich aus herausragenden Freizeithighlights, die uns am Wochenende abheben lassen. Das erfüllte Leben fängt auch nicht endlich dann an, wenn wir uns mit 55 Lebensjahren doch noch ein Ferienhaus am Meer gönnen können. (Obwohl ich ehrlich gesagt viele Luftsprünge machen würde, wenn das so wäre!) Echtes Lebensglück beginnt oft damit, dass ich Fragen an mich heranlasse. Es sind die Lebensfragen, die ich Ihnen am Anfang dieses Buches schon nannte:

Was kann ich mit meinem Leben tun? Wo liegen meine Begabungen?
Bin ich zu etwas berufen?
Was ist jetzt in dieser Zeit für mich dran?

Mit diesen tiefgreifenden und manchmal nicht leicht zu beantwortenden Fragen sind wir dem Geheimnis unseres erfüllten Lebens nämlich schon ganz nah. Sie bringen uns in die Nähe unseres Schöpfers, der uns durch und durch kennt. Er hat in seiner kreativen Art die Begabungen in unser Leben gelegt, die uns glücklich und befriedigt leben lassen.

Wenn Sie in Ihrem Leben schon einmal solch einem Menschen mit Ausstrahlung begegnet sind, der diese Fragen für sich beantwortet hatte, dann wissen Sie, welches Glück ich meine. Das heißt nicht, dass dieser Mensch nicht auch mal sehr müde ist, an seine Grenzen kommt, nicht weiter weiß, Schwierigkeiten überwinden muss und zu kämpfen hat. Trotzdem ist da ein Bodensatz des tiefen Glücks vorhanden. Da weiß jemand: Ich bin am richtigen Platz!

Als ich anfing, mich nach diesem Lebensglück auszustrecken, war ich für ganz, ganz kurze Zeit der irrigen Meinung, ich müsse diesen Menschen mit Ausstrahlung nacheifern: also auch eine Christine werden, ein Paulus oder eine Marie. Das war natürlich ein Irrweg! Nein, es geht darum, den eigenen, ganz persönlichen Weg zu verantworten und eine individuelle Antwort auf diese Fragen zu geben. Für mich hieß es: eine Kerstin zu werden. Für Sie heißt es: eine Emma, eine Lea, eine Carolin oder eine Heidi zu werden – oder wie auch immer Sie heißen.

IMMER WIEDER NEU FRAGEN

Die Lebensfragen, um die es geht, hat man nicht ein für alle Mal beantwortet, wenn man als Teenie die ersten Lebensentscheidungen trifft, eine Ausbildung startet oder für ein Jahr ins Ausland geht. Nein, diese Fragen können unser ganzes Leben lang mit uns gehen!

Sie sind in diesem Buch vielen Frauen begegnet, die sich in ganz unterschiedlichen Lebensphasen befanden und ganz neu nachgefragt haben: Was ist jetzt dran? Egal ob Sie selbst 25 oder 73 sind: Die Fragen nach dem, was wirklich wichtig ist, sollten wir uns immer und immer wieder stellen. Selbst wenn wir so eingeschränkt sind, dass wir nur eine Stunde pro Woche Zeit haben! Eine Stunde pro Woche kann unwahrscheinlich viel sein, wenn wir sie gemäß unseren Gaben einsetzen!

Ja, es kann Sie eine Menge kosten, wenn Sie sich diesen Fragen stellen. Das stimmt! Es kann Ihnen Frust und Enttäuschung einbringen, weil Sie merken, dass Sie falsche Entscheidungen in Ihrem Leben getroffen haben, so wie ich. Dann müssen Sie etwas betrauern. Es kann sein, dass Sie etwas beenden oder gar kündigen müssen. Oder Sie müssen sich bewerben. Es kann sein, dass Sie noch einmal neu die Schulbank drücken, eine Prüfung ablegen, eine Sprache lernen müssen. Vielleicht müssen Sie auch nur eine kleine Entscheidung treffen und sich irgendwo anmelden. Aber das alles ist es wert! Es sind die kleinen und großen Schritte auf Ihrem Weg in Richtung „Glück"!

Echtes Lebensglück beginnt damit, diese Fragen an sich heranzulassen und zu beantworten.

Genau deshalb wünsche ich Ihnen ganz viel Mut dazu, Ihrem Lebensglück-Geheimnis immer wieder auf die Spur zu kommen – in Ihrer ganz persönlichen Lage, in Ihrem Lebensstand, mit Ihrer Gesundheit, Ihrer Kraft.

Ich schreibe so eindringlich davon, weil ich beides kenne: Ich kenne die Zeiten, in denen ich nicht am richtigen Platz war und die innere Befriedigung deshalb nur geringfügig erlebt habe. Überforderung und Ängste habe ich dafür in hohem Maße erlebt. Seit einigen Jahren aber erlebe ich dieses

Glück und diese innere Befriedigung! Jetzt weiß ich erst, was ich vorher nicht hatte!

FLEXIBLE FRAUEN

Viele von uns Frauen werden durch die Veränderungen in der eigenen Familie und Großfamilie herausgefordert sein, sich immer wieder im Leben umzustellen. Denn wie wir in Kapitel fünf gesehen haben, ist unser Lebensstand fester Bestandteil unserer Berufung.

Wenn das erste Kind kommt oder geht, dann hat das natürlich Auswirkungen darauf, was wir daneben noch auf die Reihe bekommen. Eine junge Mutter unserer Gemeinde schafft es tatsächlich, trotz Baby noch öfter am Klavier zu sitzen und ihre musikalische Gabe für andere einzubringen. Manche musikalische Frau möchte oder kann das vielleicht erst einige Jahre später wieder tun. Ich selbst kann mit fast flügge gewordenen Kindern viel leichter Termine für Referate annehmen oder sogar spontan für eine kranke Kollegin einspringen, als das früher der Fall war. Meine Meute ist froh, auch mal ohne „Hotel Mama" auszukommen ... vorausgesetzt ich bin später wieder da und sorge für Kontinuität. Bei anderen Frauen sind die Kinder bereits aus dem Haus. Neuer Freiraum ist da, der genutzt werden kann. Und wieder andere haben weniger Spielraum, weil sie sich um gebrechliche Angehörige kümmern, selbst schon älter und/oder gesundheitlich eingeschränkter sind.

Für uns alle bleiben diese Lebensfragen unsere Begleiter, wenn wir uns wirklich und von ganzem Herzen auf das Abenteuer eines Lebens mit Jesus einlassen wollen. Wir haben die innere Spannkraft, flexibel auf das zu reagieren, was dran ist! Damit auf Dauer keiner zu kurz kommt – wir nicht, unsere Familien nicht und die anderen nicht, die auch noch zu unserer Berufung gehören.

ES BLEIBT SPANNEND

Liebe Frauen, es bleibt spannend! Das darf Sie mit einem erwartungsvollen inneren Kribbeln erfüllen! Können Sie sich noch daran erinnern, wie Sie sich kurz vor der Ankunft an Ihrem letzten Urlaubsziel fühlten? Noch 50 Meter bis zum Hotel in Paris oder noch zwei Kilometer bis zum Ostseestrand auf dem Darß ... Man will sehen, wie es dort aussieht, man will genießen und sich darauf einlassen, man will die innere Freude spüren, die das gleich auslösen wird. Genauso spannend ist es, wenn Sie sich in jeder Lebensphase neu auf diese Fragen für Ihr Leben einlassen. Immer wieder wird dann Ihr Horizont erweitert und Sie erleben Erwartetes oder Unerwartetes – das, was Gott für Sie vorbereitet hat!

Frauen können flexibel und hörbereit bleiben.

„Denn wir sind Gottes Schöpfung. Er hat uns in Christus Jesus neu geschaffen, damit wir zu guten Taten fähig sind, wie er es für unser Leben schon immer vorgesehen hat" (Epheser 2,10).

Wir sind fähig! Das steht da ganz klipp und klar! Sie sind fähig! Den Traum, den Sie schon lange haben und jetzt endlich umsetzen wollen: Sie sind fähig dazu, diesen Traum zu leben! Und: Es ist ein guter Traum! Denn es sind gute Taten, die Gott uns zutraut. Taten, die hilfreich sind für andere Menschen in Ihrer Familie, Gemeinde, Ihrem Heimatort, Sportverein, Ihrer Kirchengemeinde, Großfamilie oder gar in einem anderen Land.

ES GEHT NICHT NUR UM SIE ...

In Sachen Lebensglück durch Berufung geht es nun aber nicht nur um uns selbst und unsere tiefe Befriedigung, die wir am richtigen Platz erleben können. Nein, es geht genauso auch um die anderen! Unsere Berufung zu leben wird anderen Menschen oder „Dingen" Gutes tun! („Dinge" könnten sein: Gebäude, schriftliche Unterlagen, Vorträge, Wäscheladungen, Gartenstücke, Visionen und Pläne ...)

Christines Lebensglück resultiert zum großen Teil daraus, dass sie an ihren Ratsuchenden sehen kann, was ihnen die gemeinsame Arbeit bringt. Da werden Menschen wieder lebenstauglich, sie bekommen Mut für neue Entscheidungen. Sie überwinden ihre Ängste oder bewältigen eine notvolle Situation. Andere lernen, zu ihren Grenzen zu stehen oder Beziehungen anders zu leben. Das alles ist Segen! Und der macht auch den glücklich, der wie Christine daneben stehen und zuschauen kann! Natürlich schenkt das eine große Befriedigung, wenn sie abends nach einem langen Arbeitstag mit intensiven Gesprächen nach Hause geht und weiß: Da geht es jemandem wieder besser! Das beschwingt, das erfreut, das spornt für den neuen Tag an!

Ich denke, Paulus' Lebensglück resultierte zum großen Teil daraus, dass er an Gemeinden und Mitarbeitern sehen konnte, was seine Bemühungen brachten. Gemeinden wurden gegründet und so entstand Heimat für andere Menschen. Dort wurden durch seine Unterstützung Konflikte leichter geklärt, Entscheidungen getroffen, Menschen ermutigt. Es geschahen tolle Wunder. Das alles ist Segen! Und natürlich macht das glücklich, ganz tief im Herzen! Dass gerade auch Paulus schwere, anstrengende Zeiten kannte, die ihn sehr gefordert haben, sei nicht verschwiegen an dieser Stelle. Dennoch hat er viel Segen erlebt.

Anderen Menschen geht es besser, weil Sie mit Ihren Gaben da sind.

Dinge verändern sich, weil Sie mit Ihren Gaben da sind.

Und Ihr Lebensglück? Es wird zum großen Teil darin bestehen, wie Sie anderen Menschen oder Dingen durch Ihre spezielle Berufung Gutes tun!

Wenn Sie sich bei der Tafel Ihres Heimatortes engagieren, die Homepage Ihrer Kirchengemeinde gestalten oder regelmäßig alte Leute in der Nachbarschaft besuchen, dann werden Sie immer wieder sehen oder spüren, was Ihr Tun anderen bedeutet! Das ist doch toll, wenn jemand mit einer Tasche voller Lebensmittel glücklich nach Hause gehen kann oder ein Gast im Gottesdienst auftaucht, der sich online informiert hat. Es ist beglückend, dass Sie die Einsamkeit eines Menschen erleichtern konnten. Das ist Lebensglück!

Wenn Sie einen verantwortungsvollen Beruf als Lehrerin haben, sich politisch im Heimatort engagieren oder als Floristin arbeiten, dann sind Sie eine Wohltat für Ihre Umgebung! Das ist doch wunderbar, wenn Schüler eine engagierte Lehrerin vor sich haben, wenn Sie sich um die aktuellen Belange Ihrer Mitbürger kümmern oder Ihre ganze Liebe in Blumensträuße legen, die den Herzen trauernder oder liebender Menschen guttun. Anderen Menschen oder Dingen geht es besser, weil Sie mit Ihren Gaben da sind! Das ist Lebensglück!

UND LETZTLICH GEHT ES AUCH UM GOTT!

Wie würden Sie sich fühlen, wenn Sie einen Menschen, eine Frau erschaffen und sie mit einer oder allerhand Begabungen ausgestattet hätten? Wären Sie dann erwartungsvoll, was diejenige daraus macht? Es würde Ihnen sicher ganz viel Glück und Freude bereiten, wenn Sie sehen würden, wie diese Frau sich ehrenamtlich bei der Tafel einsetzt und damit Bedürftigen in der Heimatstadt hilft oder eine Krabbelgruppe mit jungen Müttern leitet oder als Juristin Verantwortung trägt. Ich ahne, dass Gott dieses Glück immer wieder erlebt! Er erlebt es mit jeder von uns, die ihre Gaben nicht verkommen lässt, sondern sie entdeckt und einsetzt.

Sie sind Gottes Freudenkind, auch indem Sie Ihre Gaben leben!

Wir als Mütter oder Tanten oder Omas empfinden ja ähnlich. Vielleicht sehen wir in unseren Nachkommen eine bestimmte Begabung, wie gut unser Kind oder Enkel basteln, musizieren, reden, anleiten, rechnen, kochen … kann. Wenn wir können, unterstützen wir das auf unsere Weise, geben Geld oder hoffentlich Ermutigung. Und wie glücklich sind wir, wenn Vicci schließlich mit Kindern in Afrika bastelt oder Lisa sich für Migranten ihres Heimatortes einsetzt oder Swantje tatsächlich Sängerin einer christlichen Band wird! Da schicken wir Gebete hinterher, vielleicht auch mal ein Päckchen mit Leckereien. Wir erzählen unseren Freundinnen davon. Wir denken daran, wenn wir unser Abendessen vorbereiten. Dabei sind wir „nur“ Mütter, Tanten oder Omas.

Gott aber ist Gott! Er als Schöpfer ist noch viel näher an uns dran. Er empfindet: Da ist etwas zu einem guten Ziel gekommen, wenn ein Mensch sich mit seinen Gaben verströmt! Das ist schöpferisch, so wie Gott schöpferisch ist.

Und was will Gott tun, wenn er uns Frauen erlebt, wie wir unsere Gaben einsetzen? Er will mit uns feiern und uns noch mehr beschenken! Das ist nachzulesen im Gleichnis von den drei Dienern. Seine Antwort an treue Dienerinnen lautet: „Du bist mit diesem kleinen Beitrag zuverlässig umgegangen, deshalb will ich dir größere Verantwortung übertragen. Lass uns miteinander feiern!" (Matthäus 25,21b).

Ich liebe diesen Vers! Das ist doch richtig wohltuend und aufbauend: ein Lob aus Gottes Mund, dazu noch mehr Verantwortung und größere Möglichkeiten für die Zukunft und schließlich eine Party mit dem guten Gott! Also, ich bin dabei! Ich will das hören, dieses Lob, will demütig nach vorn gehen und gern auch mitfeiern – hier auf der Erde mit lauten Liedern aus voller Kehle gesungen oder einem Glas Wein mit guten Freunden. Und später im Himmel will ich auch mitfeiern, wie auch immer da gefeiert wird!

Gott lädt Sie also ein: Sei mein Freudenkind, auch indem du deine Gaben lebst!

WENN DURSTSTRECKEN KOMMEN

Mit so viel Freude, Lebensglück, Befriedigung, Sinn im Herzen kann man auch härtere Zeiten gut überstehen. Sie werden sicher kommen: die Probleme, die Herausforderungen, die schwergängigen Tage, die Enttäuschungen, die Durststecken. Das ist ganz klar. In Kapitel acht war davon schon die Rede, als wir über Kraftquellen nachgedacht haben.

Wenn wir uns aber nicht festbeißen an diesen Schwierigkeiten, sondern immer wieder den großen Blick wagen, können wir auch problematische Zeiten leichter überstehen. Erinnern Sie sich also immer wieder daran, den Leuchtturmblick zu wagen. Vergewissern Sie sich Ihrer ganz persönlichen und wertvollen Begabungen und der konkreten Lebensaufgabe, die Sie für sich im Augenblick sehen! Denken Sie daran, wie Sie da hineingewachsen sind. Lesen Sie sich die Bibelworte durch, die Sie dabei besonders angesprochen haben. Oder die Postkarten und Mails Ihrer Unterstützer. Bedenken Sie Gottes Ermutigung, die Sie unterwegs bekommen haben. Oder den Dank von Menschen, der Sie erreicht hat. Damit überwinden Sie die Schwierigkeiten der normalen Art und können nach Durststecken wieder locker und leicht weitermachen.

IMMER WIEDER: GOTT ZUHÖREN

Unsere Berufung bleibt ein Prozess – lebenslang. Wir haben nicht ein für alle Mal klar, was für uns dran ist. Genau deshalb wird das Hören unerlässlich sein!

Wie Gott reden kann, dazu habe ich schon einige Anregungen gegeben. Zum Schluss möchte ich Sie einfach gern noch einmal ermutigen, Gott Ihr Ohr zu schenken! Auf Ihre Weise. Bleiben Sie eine Zuhörerin Gottes!

Bei mir selbst sieht das so aus: Ich nehme mir Zeit, um auf Gott zu hören, wenn ich meinen stillen Tag habe. Dabei spreche ich immer auch mit Gott über meine Arbeit. Ich bin offen für neue Impulse: Soll ich weniger machen, weil mein Alltag zu voll ist? Wo und wie kann ich reduzieren? Soll ich etwas anderes machen? So habe ich mitunter gemerkt, worauf ich achten soll. Habe Ideen zum Schreiben bekommen oder mich ermahnen lassen, wenn ich mal wieder zu schnell oder viel gearbeitet habe. Zu anderen Zeiten habe ich mich herausfordern lassen und Mut gewonnen, dass ich etwas Neues wagen sollte.

Außerdem höre ich mit anderen zusammen auf Gott. In meinen Freundesbriefen berichte ich regelmäßig von meinen Aufgaben. Einige wenige lesen diese nicht nur, sondern haben von mir die Erlaubnis, in mein Leben reinreden zu dürfen. Sie kennen mich schon länger, wissen um meine Begabungen und Grenzen. Deshalb achte ich ihren Rat. Auch ihr Schweigen tut mir gut, weil ich dann weiß: Alles in Ordnung, Kerstin, weiter so!

Auf jeden Fall will ich dran bleiben, Gott zuzuhören, und gebe das gern auch an Sie weiter: Bleiben Sie nah an Ihm dran! Egal, was Sie zurzeit schon machen oder planen. Trainieren Sie immer wieder neu Ihre inneren Ohren. Gott wird sich melden, wenn Sie ihn aufrichtig suchen!

AM RICHTIGEN PLATZ

Ob sie ihn mittlerweile gefunden hat, ihren neuen richtigen Platz? Ich meine damit die Frau, die ich Ihnen in der Einleitung zu diesem Buch vorgestellt habe: die Lehrerin, die neu nach ihren Lebensaufgaben gefragt hat, um an der Seite ihres Mannes, eines Pastors, gut und glücklich leben zu können. Ich weiß es nicht, weil wir nicht in Kontakt geblieben sind.

Und meine Große, die so gut mit Kameras, Objektiven und Bildbearbeitungsprogrammen umgehen kann? Hat sie schon ihren Platz gefunden? Während Sie dieses Buch lesen, wird sie dabei sein, ihn Stück für Stück zu finden ...

Gern dürfen Sie selbst sich die Frage stellen, ob Sie Ihren Platz gefunden haben und dort mit Ausstrahlung leben. Wenn Sie so leben, dann freue ich mich mit Ihnen, gratuliere Ihnen und wünsche Ihnen, dass Sie so weitermachen können, bis? Ja, bis es wieder losgeht mit dem Hören, weil vielleicht etwas Neues auf Sie wartet.

Wenn Sie gemerkt haben, dass eine oder mehrere Stellen Ihres Lebens nicht richtig passen, dann wünsche ich Ihnen, dass Sie innehalten können. Stopp! Jetzt ist die Zeit, um etwas zu ändern. Sie können diese „Haltestelle" dazu benutzen, um Ihren ganz speziellen Platz zu suchen und einzunehmen.

Sie sind ein von Gott geliebtes Geschöpf! Er hat so viel Gutes in Sie hineingelegt. Sie sind geliebt, begabt, und Sie sind berufen!

Leben Sie das, was Ihnen wichtig ist und werden Sie von ganzem Herzen glücklich darin!

Danke

Frauen! Eure Gesichter habe ich vor Augen! Denn Ihr habt mich inspiriert zu diesem Buch. Ihr, die Ihr genau das getan habt, wozu ich Mut machen möchte: Ihr habt euren Weg gesucht!

Danke, „Doro“, dass ich deine Projekte innerlich mit unterstützen kann, dass ich sehen kann, wie du aufgehst in deinen Dingen.

Danke, „Nora“, dass ich um deine Fragen wissen darf. Deine gesunde Unruhe hat mir immer imponiert. Du gibst dich einfach nicht zufrieden mit einem Leben, das deine Gaben nicht voll zur Entfaltung bringt.

Danke, „Bettina“, dass du auch jenseits der 50 viel Mut für deinen neuen Weg bewiesen hast.

Danke, meine liebe Cousine, dass du immer wieder gefragt hast, wo Gott dich gebrauchen kann. Du warst bereit, Projekte sterben zu lassen, wenn sie sich überlebt hatten.

Danke, „Pia“, dass ich daran Anteil nehmen konnte, wie du in deinem Leben aufgeräumt hast, damit du mehr das tun konntest, was deinen Hauptbegabungen entspricht.

Und danke euch Unbekannten. Euch Frauen, denen ich nach Veranstaltungen kurz begegnet bin und die ihr mir gezeigt habt: Wir suchen! Wir suchen unseren ganz persönlichen Weg!

Männer! Eure Gesichter habe ich genauso vor Augen. Obwohl dies ein Frauenbuch ist, habt auch ihr mich kräftig inspiriert.

Danke, Uli, mein lieber Ehemann, dass du dich deinen Fragen gestellt hast, obwohl das manchmal unbequem war. Danke, dass du bereit warst, auf Gott zu hören, auch wenn wir deswegen mehrmals umziehen mussten …

Danke, Axel, dass du deine Vision so beeindruckend und schöpferisch lebst.

Danke, Thomas, dass du innerlich nie alt werden kannst, weil du immer wieder für Menschen und Projekte Verantwortung übernehmen willst. Danke für das Lebensglück, das ich in dir spüren kann.

Ihr Männer und Frauen habt es vorgemacht, was es heißt, viele wichtige Lebensentscheidungen nicht allein durchzuziehen. Ihr habt einen anderen gefragt. Ihr habt euch selbst befragt.
Und dann habt ihr gehandelt.

Danke meiner Lektorin Silke Gabrisch, die dieses Buch gewollt und mit ihrem Know-how tatkräftig begleitet hat. Danke für deine weiterbringenden Anregungen. Auch du lebst deine Berufung!

Im Frühjahr 2014
Kerstin Wendel

Anmerkungen

1 Buber, Martin: Die Erzählungen der Chassidim © 1949, Manesse Verlag, Zürich, in der Verlagsgruppe Random House GmbH, München, 394.

2 Wendel, Kerstin: Was heißt hier schön? Eine Frau findet ihre Lebensspur, Brunnen Verlag, Gießen 2010.

3 Eine Seelsorgerin bzw. Therapeutin suchen: Hinweise hierzu bekommen Sie, wenn Sie sich an Ihren Pastor oder Ihren Hausarzt wenden oder im Internet suchen (www.c-stab.net, www.derberatungsfuehrer.de, www.icl-institut.org, www.weisses-kreuz.de, www.team-f.de). Nehmen Sie sich Zeit zu überlegen, welche Person für Sie passend ist, und vereinbaren Sie ein unverbindliches Erstgespräch. Sie können auch mehrere Personen kennenlernen, bevor Sie sich für eine Beratung/einen Seelsorgeprozess entscheiden.

4 Bücher zum Thema „Identität aufbauen":
Wendel, Kerstin: Was heißt hier schön? Eine Frau findet ihre Lebensspur, Brunnen Verlag, Gießen 2010;
Eldredge, Stacy und John: Weißt du nicht, wie schön du bist? Was passiert, wenn Frauen das Geheimnis ihres Herzens entdecken, Brunnen Verlag, Gießen 2006;
Stübner, Gisela: Auf dem Weg zu mir. Identität: Wie ich mein Potential entfalte, Brunnen Verlag, Gießen 2007;
Grün, Anselm/Robben, Maria-M.: Finde deine Lebensspur. Die Wunden der Kindheit heilen – spirituelle Impulse, Herder Verlag, Freiburg 2001;
Guardini, Romano: Die Lebensalter, ihre ethische und pädagogische Bedeutung, Matthias-Grünewald-Verlag, Mainz 2001.

5 Gutsche, F.: „Berufen/Berufung" in: Grünzweig u.a. (Hrsg.): Biblisches Wörterbuch, SCM R.Brockhaus, Wuppertal 1986, 74.

6 © John Eldredge 2001.

7 Einige sehr empfehlenswerte Sachbücher zum Thema Berufung: Gay, Friedbert (Hrsg.): DISG-Persönlichkeitsprofil, Gabal Verlag, Offenbach 1998;
Donders, Paul: Kreative Lebensplanung. Entdecke Deine Berufung. Entwickle Dein Potential – beruflich und privat, Gerth Medien, Aßlar 1997, Nachdruck 2005;
Gudjons, Herbert/Pieper, Marianne/Wagner-Gudjons, Birgit: Auf meinen Spuren.

Übungen zur Biografiearbeit, Klinkhardt Verlag, Bad Heilbrunn 2008;
Schilling, Birgit: Berufung finden und leben. Lebensplanung für Frauen, Brockhaus Verlag, Wuppertal 2007;
Schwarz, Christian A.: Das Gabennetzwerk. Der neue Gaben-Test, C&P Verlag, Glashütten 1997.

8 Siehe: Donders, Paul: Kreative Lebensplanung, Gerth Medien, Aßlar 1997.

9 Interessen-/Neigungstests: www.stangl-taller.at/ARBEITSBLAETTER/TEST/SIT/Test.shtml (zuletzt aufgerufen am 18.3.14). http://www.borakel.de (zuletzt aufgerufen am 9.1.2014);
kostenpflichtige Interessen-/Neigungstests:
www.geva-institut.de/ (zuletzt aufgerufen am 9.1.2014),
www.explorix.ch/ (zuletzt aufgerufen am 9.1.2014);
Eignungstests (Berufswahl):
www.bildungsserver.de/Eingungstests-Berufswahl--260.html (zuletzt aufgerufen am 9.1.2014).

10 Schöpfung: Römer 1,20-21; Propheten: Hebräer 1,1; Jesus Christus: Hebräer 1,2; Heiliger Geist: 1. Korinther 2,12; Träume: Apostelgeschichte 2,17; Eindrücke: Apostelgeschichte 10; Engel: Lukas 2,9-10, Apostelgeschichte 12,7; Menschen: Apostelgeschichte 2,6.22,12-16; offene Türen: 1. Korinther 16,8-9; verschlossene Türen: Apostelgeschichte 16,6-8; Einsamkeit: Offenbarung 1,9; Wunder: Apostelgeschichte 4,14.

11 Hybels, Bill: Gottes leise Stimme hören. Wie Gott zu uns spricht – und was passiert, wenn wir ihm folgen, Gerth Medien, Aßlar 2010.

12 Meiner Meinung nach geht es hier nicht um die Fragen: Warum hört Sara nichts? Warum hört ausgerechnet die Frau nichts? Soll das etwa heißen, dass Gott nur zu den Männern redet?

13 Moeller, Michael Lukas: Die Wahrheit beginnt zu zweit, Rowohlt Verlag,Reinbek 1998, 75.

14 Laffitte, Jean: Familie als Berufung, fe-Medienverlag GmbH, Kissleg 2012, 27.

15 Wendel, Kerstin: Was heißt hier schön? Eine Frau findet ihre Lebensspur, Brunnen Verlag, Gießen 2010.

16 Mann, Thomas: Doktor Faustus. © Bermann-Fischer Verlag, Stockholm 1947. Alle Rechte vorbehalten S.Fischer Verlag GmbH, Frankfurt am Main, 410.

17 Zum Stichwort „Arbeit für das Reich Gottes“: Natürlich kann und sollte man jede Arbeit „für Gott“ tun, wenn man Christ ist. Dennoch kennen wir Berufsbilder, die stärker mit missionarischen, lehrenden, seelsorgerlichen oder diakonischen Schwerpunkten verbunden sind. Die bezeichne ich hier als Arbeit im Reich Gottes.

18 Hesse, Hermann: Stufen. Ausgewählte Gedichte © 1972 Suhrkamp Verlag, Berlin.

19 Brüllmann, Richard: Lexikon der Martin-Luther-Zitate, VMA Verlag, Wiesbaden 1990, 103.

20 Einige empfehlenswerte Bücher, die gute Lebensstrategien vorstellen:
Ahlbrecht, Jörg: Finde deinen Lebensrhythmus. Über die Kraft eines ausgewogenen Lebens, Gerth Medien, Aßlar 2011;
Foster, Richard: Nachfolge feiern. Geistliche Übungen neu entdeckt. SCM R.Brockhaus, Witten 2010;
Aßmann, Helmut: Glauben leben – Leben lernen. Eine Anleitung zum geistlichen Leben, Lutherisches Verlagshaus, Hannover 2012;
MacDonald, Gordon: Ordne dein Leben. Perspektiven für den Umgang mit dem Leben und der Zeit, Gerth Medien, Aßlar 2009.

21 Wanner, Margret: Treffend gesagt. Das große Buch der Zitate, Brunnen Verlag, Gießen 1990, 55.

22 Kast, Verena: Lebenskrisen werden Lebenschancen. Wendepunkte des Lebens aktiv gestalten, Herder Verlag, Freiburg 2000.

23 Frankl, Viktor E.: Logotherapie und Existenzanalyse, Piper Verlag, München 1987, 236.

24 Thielicke, Helmut: „Den Sinn des Lebens ...“, aus: ders., Der Christ im Ernstfall. Das kleine Buch der Hoffnung. Meditationen - Reflexionen © Verlag Herder GmbH, Freiburg i. Br. 1981, 28.

Literaturverzeichnis

Ahlbrecht, Jörg: Finde deinen Lebensrhythmus. Über die Kraft eines ausgewogenen Lebens, Gerth Medien, Aßlar 2011

Berger, Jörg: Lebensziel Berufung. Den eigenen Weg finden in einer Welt der Beliebigkeit, Francke Verlag, Marburg 2006

Bittner, Ulrike und Wolfgang J.: Ich suche mich in deinen Spuren. Meine Lebensplanung und Gottes Geschichte, Aussaat Verlag, Neukirchen-Vluyn 2007

Blackaby, Henry T./King, Claude V.: Gott erfahren. Den Willen Gottes erkennen und tun, Oncken Verlag, Kassel 1998

Donders, Paul: Kreative Lebensplanung. Entdecke Deine Berufung. Entwickle Dein Potential – beruflich und privat, Gerth Medien, Aßlar 1997, Nachdruck 2005

Eldredge, Stacy und John: Weißt du nicht, wie schön du bist? Was passiert, wenn Frauen das Geheimnis ihres Herzens entdecken, Brunnen Verlag, Gießen 2006

Frankl, Viktor E.: Logotherapie und Existenzanalyse, Piper Verlag, München 1987

Gay, Friedbert (Hrsg.): DISG-Persönlichkeitsprofil, Gabal Verlag, Offenbach 1998

Grün, Anselm/Robben, Maria-M.: Finde deine Lebensspur. Die Wunden der Kindheit heilen – spirituelle Impulse, Herder Verlag, Freiburg 2001

Guardini, Romano: Die Lebensalter, ihre ethische und pädagogische Bedeutung, Matthias-Grünewald-Verlag, Mainz 2001

Gudjons, Herbert/Pieper, Marianne/Wagner-Gudjons, Birgit: Auf meinen Spuren. Das Entdecken der eigenen Lebensgeschichte, Klinkhardt Verlag, Bad Heilbrunn 2008

Hybels, Bill: Gottes leise Stimme hören. Wie Gott zu uns spricht – und was passiert, wenn wir ihm folgen, Gerth Medien, Aßlar 2011

Kast, Verena: Lebenskrisen werden Lebenschancen. Wendepunkte des Lebens aktiv gestalten, Herder Verlag, Freiburg 2000 Klenk, Dominik (Hrsg.): Berufung. Aufs Ganze gehen, Brunnen Verlag, Gießen 2010

Laepple, Ulrich (Hrsg.): Biblisches Wörterbuch, SCM R.Brockhaus, Witten 2010

Laffitte, Jean: Familie als Berufung, fe-medienverlag, Kissleg 2012

Lucado, Max: Ganz du selbst! Deinen Platz in Leben entdecken, SCM Hänssler, Holzgerlingen 2009

MacDonald, Gordon: Ordne dein Leben. Perspektiven für den Umgang mit dem Leben und der Zeit. Gerth Medien, Aßlar 2009

Mulholland, Robert: Werden, wie Du mich meinst. Ganzheitlich glauben lernen, Brunnen Verlag, Gießen 1995

Parlow, Georg: zart besaitet. Selbstverständnis, Selbstachtung und Selbsthilfe für hochsensible Menschen, festland-verlag, Wien 2003

Pfennighaus, Dietmar: In mir selbst zu Hause sein. Versöhnt leben – mit Gott, dem Nächsten und sich selbst, SCM R.Brockhaus, Witten2005

Schilling, Birgit: Berufung finden und leben. Lebensplanung für Frauen, SCM R.Brockhaus, Witten 2007

Schilling, Birgit: Fest im Glauben – stark im Leben. Geistlich reif werden, SCM R.Brockhaus, Witten 2011

Schwarz, Christian A.: Das Gabennetzwerk. Der neue Gaben-Test, C&P Verlag, Glashütten 1997

Stübner, Gisela: Auf dem Weg zu mir. Identität: Wie ich mein Potential entfalte, Brunnen Verlag, Gießen 2007

Wanner, Walter: Mach mehr aus dir. Schritte zur Erweiterung und Vertiefung der Persönlichkeit. Wege zur Ganzheit, Brunnen Verlag, Gießen 1981

Wendel, Kerstin: Was heißt hier schön? Eine Frau findet ihre Lebensspur, Brunnen Verlag, Gießen 2010